Das Mardi-Gras-Geheimnis

H. Bedford-Jones

Writat

Diese Ausgabe erschien im Jahr 2024

ISBN: 9789359941448

Herausgegeben von
Writat
E-Mail: info@writat.com

Inhalt

KAPITEL I

Karneval

JACHIN FELL schob die Glasvorhänge zwischen den voluminösen Vorhängen in den Fenstern des Chess and Checkers Club beiseite und blickte hinaus auf die geschäftigen Straßen von New Orleans. Eine halbe Stunde hatte er hier im Wohnzimmer auf Dr. Cyril Ansley gewartet, einen Junggesellen mittleren Alters, der seit zwanzig Jahren in Opelousas praktizierte und zu den Karnevalsfeierlichkeiten in die Stadt gekommen war. Einem anderen Mann schien das Warten vielleicht irritiert zu sein, aber Jachin Fell zeigte sich völlig gelassen.

Er hatte das Aussehen eines Angestellten. Seine Gesichtszüge waren dünn und unauffällig; In seinen blassen Augen lag ständig ein Ausdruck staunender Zurückhaltung, als sähe er um sich herum vieles, was er vergeblich zu verstehen versuchte. In seinem gesamten Auftreten herrschte eine schüchterne Zurückhaltung. Er war kein Angestellter, was jedoch an seiner Kleidung zu erkennen war. Er war von Kopf bis Fuß in nüchtern gemischte Grautöne gekleidet, deren Üppigkeit nur aus der Nähe zu erkennen war. Man hielt ihn für einen sehr präzisen Mann, eine alte Jungfer des falschen Geschlechts.

Doktor Ansley, ein Inverness über seine Abendkleidung geworfen, betrat das Wohnzimmer, und Fell drehte sich mit einem trockenen, tonlosen Lachen zu ihm um.

heute Abend zu den Maillards gehen ?".

Ansley schien verärgert und irritiert zu sein. „Verdammt, Fell !" er rief aus. „Ich war in der ganzen Stadt auf der Suche nach El Reys . Gefangen in einer Menschenmenge – noch kein El Reys !"

Wieder stieß Fell sein tonloses Lachen aus. Seine Stimme war absolut ruhig, ohne jede Veränderung im Tonfall.

„Mein lieber Freund, es gibt nur drei Orte in der Stadt, die es sich in diesen schwierigen Zeiten leisten können, El Reys zu tragen ! Dieser Club ist jedoch zufällig einer der drei. Setzen Sie sich hier hin und vergessen Sie Ihre Sorgen bei einer echten Zigarette ! Wir müssen noch mindestens fünfzehn Minuten aufbrechen."

seinen Stock und seinen Hut beiseite und ließ sich in einen der bequemen großen Stühle fallen. Mit einem Seufzer nahm er die angebotene Zigarre entgegen. Auf seine Knie legte er eine Abendzeitung, deren Schlagzeilen ein Extra verkündeten.

„Ich nehme an, dass Sie seit der Saisoneröffnung der Revelers durch die ganze Stadt gelaufen sind?" er erkundigte sich.

„Kaum", sagte Fell mit seiner schüchternen Miene. „Ich werde mit zunehmendem Alter etwas steif, wie Eliza sagte, als sie das Eis überquerte. Ich mache nicht viel Spaß."

„Sie beabsichtigen, sich für die Maillards zu maskieren ?" Ansley warf einen Blick auf die graue Geschäftskleidung des kleinen Mannes.

„Ich maskiere nie." Jachin Fell schüttelte den Kopf. „Ich hole mir einen Domino und gehe wie ich bin. Entschuldigung – ich bestelle jetzt einen Domino und stelle auch noch ein paar El Reys für den Abend bereit. Gleich zurück."

Doktor Ansley, der selbst kein ortsansässiges Mitglied des Clubs und gesellschaftlich prominent war, wenn er sich Muße für die Gesellschaft gönnen konnte, folgte der schmächtigen Gestalt des anderen Mannes mit nachdenklichen Augen. Da er Jachin Fell kannte, empfand er den Mann stets als Quelle verwirrter Spekulationen.

Jachin Fell war viele Jahre lang Mitglied der exklusivsten Clubs in New Orleans. Er wurde sogar in den inneren Kreisen der kreolischen Gesellschaft aufgenommen, was an sich schon ein überragender Beweis für seine Stellung war. In diesem Verein war er als Zauberschachmeister berühmt. Er nahm nie an einem Turnier teil, besiegte die Champions jedoch immer wieder in Privatspielen – besiegte sie mit einer verblüffenden Leichtigkeit, einer schüchternen und entschuldigenden Leichtigkeit, einer Leichtigkeit, die die Zuschauer ungläubig und entsetzt zurückließ.

Trotz alledem war Jachin Fell selbst für seine engsten Freunde ein großes Rätsel. Über ihn war sehr wenig bekannt; Er war bis zu einem gewissen Grad unauffällig, und es wurde allgemein angenommen, dass er eine Art Einsiedler sei, das Ergebnis einer gescheiterten Liebesbeziehung in seiner Jugend. Er war Anwalt und unterhielt sicherlich Büros im Maison Blanche-Gebäude, erschien jedoch nie vor Gericht und es war kein Fall seiner Plädoyers bekannt.

Es hieß, er habe in der wiederaufgebauten Casa eines alten spanischen Granden im Vieux Carre gelebt , und diese Residenz sei eine wahre Schatzkammer historischer und schöner Dinge gewesen. Dies war lediglich ein Gerücht , das dem allgemeinen Mysterium eine romantische Würze verlieh. Ansley kannte ihn so gut wie die meisten Männer, und Ansley kannte einige, die sich rühmen konnten, Gast in Jachin Fells Haus gewesen zu sein. Es gab eine Mutter, eine Invalide, von der Fell manchmal sprach und der er sich offenbar widmete. Die Familie, eine alte in der Stadt, versprach, mit Jachin Fell auszusterben .

Ansley zog an seiner Zigarre und dachte über diese Dinge nach. Draußen, in den Straßen von New Orleans, tobte die verrückte Fröhlichkeit des Karnevals. Die Woche vor Mardi Gras ging zu Ende. Seit Beginn des neuen Jahres wurde das Fest in einer immer größer werdenden Reihe von Bällen und Unterhaltungen gefeiert, hauptsächlich von den älteren Familien, die an den alten Bräuchen festhielten, und in geringerem Maße von der Gesellschaft insgesamt. Nun stand die letzte Woche vor der Tür, oder vielmehr die letzten drei Tage – die Zeit der großen Bälle, die Zeit, in der die Touristen in die Stadt strömten; Für Touristen umfasste diese drei Tage die gesamte Zeit des Karnevals. Entgegen aller peinlichen Vorhersagen hatte das Verbot weder den Karneval noch die Fröhlichkeit seiner Feier beeinträchtigt.

Auch heute noch wurde der Karneval durch Masken symbolisiert. In New Orleans war die Maskerade nicht der blasse und erbärmliche Spaß kälterer Gefilde, wo der Anlass nur zur Zurschaustellung von Juwelen und Kostümen dient und wo die tatsächliche Verschleierung der Identität eine Farce ist. Hier in New Orleans gab es Juwelen und Kostüme in Hülle und Fülle ; aber hier blieb die Grundidee der Maske selbst erhalten – dass in der Verschleierung der Identität das Leben der Sache lag! Maskierte fegten fröhlich durch die Straßen; Wenn der Harlekin-Ehemann mit der Domino-Frau flirtete – umso besser! In der lateinischen Maske lag wenig Schaden, dafür aber große Heiterkeit.

Als Jachin Fell kam zurück, zündete sich seine Zigarre an, ließ sich neben Ansley auf einen der luxuriösen Stühle sinken und deutete auf die Zeitung, die über dessen Knie lag und deren Schlagzeilen schwarz hervortraten.

„Was ist mit dem Mitternachtsmasker? Er ist nicht wieder aufgetaucht?“

"Was?" Ansley warf ihm einen überraschten Blick zu. „Du hast es nicht gehört?“

Fell schüttelte den Kopf. „Ich lese selten Zeitungen.“

„Mein Gott, Mann! Er tauchte letzte Nacht beim Lapeyrouse- Tanz auf, zwei Minuten vor Mitternacht, wie üblich! Ein Detektiv war engagiert worden, wurde aber später in einem Schrank eingesperrt und mit seinen eigenen Handschellen gefesselt aufgefunden. Der Masquer trug sein übliches Outfit Kostüm – und ging berühmt durch die Party, wobei er jeden in Sichtweite auszog. Dann ging er rückwärts durch die Türen und verschwand. Wie er hineinkam, können sie sich nicht vorstellen; wohin er ging, können sie sich nicht vorstellen, es sei denn, es war mit dem Flugzeug. Er einfach erschien und verschwand dann!“

Fell ließ sich tiefer in seinen Stuhl sinken, richtete seine Zigarre auf die Decke und seufzte.

„Ah, sehr interessant! Die Beute hatte einen Wert von etwa hunderttausend?"

„Ich dachte, du hättest gesagt, du hättest noch nie davon gehört?" forderte Ansley.

Fell lachte leise und schüchtern. „Das habe ich nicht. Ich habe nur eine Vermutung gewagt."

"Magier!" Der Arzt lachte gleichzeitig. „Ja, ungefähr so viel. Natürlich übertrieben; dennoch gab es Juwelen von großem Wert –"

„Der Masquer ist ein Piker", bemerkte Fell mit seiner tonlosen Stimme.

„Eh? Ein Piker – wenn er eine Hunderttausend-Dollar-Beute machen kann?"

„Träumen Sie nicht, dass diese Zahlen einen Wert darstellen, Doktor. Das tun sie nicht! Die ganze Beute, die der Masquer seit Beginn seiner Arbeit erbeutet hat, ist ihm wenig wert. Juwelen sind schwer zu verkaufen. Dieses Banditenspiel ist romantisch, aber es ist Heutzutage veraltet. Natürlich hat der Betrüger ein bisschen Geld erbeutet, aber nicht genug, um das Risiko wert zu sein."

„Aber er hat einiges drauf", gab Ansley nachdenklich zurück. „Natürlich haben alle Männer Geld; wir wollen uns nicht in irgendeinem schwulen Karnevalsmoment nackt wiederfinden! Ich garantiere Ihnen, dass Sie jetzt ungefähr hundert in der Tasche haben!"

„Ich nicht", erwiderte Fell ruhig. „Ein Zehn-Dollar-Schein. Außerdem habe ich meine Uhr zu Hause gelassen. Und ich bin nicht angezogen; ich habe keine Lust, meine Perlenstecker zu verlieren."

„Äh?" Ansley runzelte die Stirn. "Wie meinst du das?"

Jachin Fell holte ein gefaltetes Papier aus seiner Tasche und reichte es dem Arzt.

„Ich habe Maillard heute Morgen in der Bank getroffen. Er hat mich in sein Büro gerufen und mir das hier gegeben – er hatte es gerade per Post erhalten."

Doktor Ansley öffnete das gefaltete Papier; Ein Ausruf entfuhr ihm, als er die Nachricht las , die an den Gastgeber des Abends gerichtet war.

JOSEPH MAILLARD , Präsident,

Exeter National Bank, Stadt.

Ich danke Ihnen für die Maske, die Sie heute Abend geben.
Ich werde anwesend sein. Bitte achten Sie darauf, dass Frau
M. ihre Diamanten trägt – ich brauche sie.

DIE MITTERNACHTSMASKE.

Ansley blickte auf. „Was ist das – ein Schwindel? Ein Karnevalsscherz
? "

„Maillard tat so, als ob er das glaubte." Fell zuckte mit den Schultern,
als er den Zettel wieder einsteckte. „Aber er war nervös. Er hatte Angst,
ausgelacht zu werden, und wollte nicht zur Polizei gehen. Aber er wird heute
Abend ein paar Detektive im Haus haben und andere draußen."

Seit dem ersten Ball des Jahres im Twelfth Night Club hatte dieser
Midnight Masquer, wie er genannt wurde, New Orleans mit Schrecken,
Faszination und lebhaftem Interesse erfüllt. Bis einen Monat vor dieser
Karnevalswoche hatte er selten operiert; er hatte mit einer harten und
uneleganten Wucht, einer Brutalität, geraubt. Plötzlich änderten sich seine
Methoden – er erschien und erledigte seine Geschäfte mit romantischer
Höflichkeit, einer waghalsigen Fröhlichkeit ; seine Raubüberfälle wurden
bizarr und außergewöhnlich.

Im vergangenen Monat erschien er mindestens einmal in der Woche,
mal auf einem privaten Ball, mal auf einem Restaurantbankett, aber immer
in der gleichen Kleidung: Helm, riesige Schutzbrille und Maske sowie
Lederkleidung eines Dienstfliegers. Bei diesen Gelegenheiten war das
pochende Dröhnen eines Flugzeugmotors zu hören gewesen, so dass es sich
um ein weitverbreitetes Gerücht handelte, dass er auf dem Dach seiner
vorgesehenen Opfer gelandet sei und auf die gleiche Weise geflohen sei –
mit dem Flugzeug. Noch nie war eine Maschine gesehen worden, und die
Theorie wurde von einigen geglaubt, von anderen beschimpft.

Die Polizei war hilflos. Der Mitternachtsmasker lachte offen über sie
und führte seine Plünderungen mit dreister Gleichgültigkeit durch, wobei er
dort auftauchte, wo man ihn am wenigsten erwartete. In den
regierungskritischen Zeitungen wurde von einer „Kriminalitätswelle" und
einer „Organisation von Gaunern" geredet , doch ohne erkennbare
Grundlage für solche Behauptungen . Der Mitternachtsmasker arbeitete
alleine.

Doktor Ansley warf einen Blick auf seine Uhr und legte seine Zigarre
in einen Aschenbecher.

„Wir ziehen am besten um, Fell. Willst du einen Domino?"

„Ich habe eine bestellt, als ich meine Zigarren bekommen habe. Sie
wird in einer Minute hier sein."

„Glauben Sie ernsthaft, dass diese Notiz echt ist?"

Fell zuckte leicht mit den Schultern. „Wer weiß? Ich mache mir keine Sorgen. Maillard kann es sich leisten, ausgeraubt zu werden. Es wird interessant sein zu sehen, wie er es aufnimmt, wenn der Kerl tatsächlich auftaucht."

„Du bist ruhig!" Ansley kicherte. „Oh, ich glaube, der Prinz wird heute Abend dort sein. Du hast ihn wohl getroffen, nehme ich an?"

„Nein. Ich hatte in letzter Zeit einen geschäftlichen Ansturm, wie Eliza sagte, als sie das Eis überquerte: Ich bin nicht viel ausgegangen. Aber ich habe etwas über ihn gehört. Ein Amerikaner, nicht wahr? Man sagt, er sei ziemlich beliebt geworden in der Stadt."

Ansley nickte. „Ein ziemlich guter Kerl. Seine Mutter war Amerikanerin – sie heiratete den Prinzen de Gramont ; eine internationale Angelegenheit der vergangenen Generation. De Gramont führte ihr, wie ich hörte, ein Hundeleben, bis er in einem Duell getötet wurde. Sie lebte in Paris mit dem Jungen, schickte ihn hier zu Hause zur Schule, und er war in Yale, als der Krieg ausbrach. Er war technisch gesehen ein französischer Staatsbürger, also ging er zurück, um seine Zeit abzusitzen.

„Trotzdem ist er jetzt Amerikaner. Er nennt sich Henry." Gramont , und er würde das Prince-Zeug ganz aufgeben, wenn die Franzosen hier es ihm erlauben würden. Eigentlich sollte er irgendein Geschäft gründen, aber im Moment hat er die beste Zeit seines Lebens. Jede alte Witwe versucht, ihn zu fangen.

Jachin Fell nickte. „Für Adel habe ich keine Verwendung; ein mieser Haufen! Aber dieser Kerl scheint interessant zu sein. Ich werde ihn gerne einschätzen. Ah, hier ist jetzt mein Domino!"

Ein Page brachte den Domino. Fell warf die Maske ab, warf sich den Domino über die Schultern und die beiden Männer verließen gemeinsam den Club.

Sie suchten ihr Ziel zu Fuß – das Haus des Bankiers Joseph Maillard. Auf den Straßen herrschte Aufruhr, gefüllt mit einer wirbelnden, lachenden Menge von Maskenmännern und Spaßmachern jeden Alters und Geschlechts; Konfetti wirbelten durch die Luft, Hörner waren ohrenbetäubend und lachende Stimmen steigerten sich zu scharfen Schreien unbändiger Freude.

Hier und da tauchten die eher verhaltenen Zahlen der Touristen aus dem Norden auf. Diese standhaft und unfähig, sich völlig diesem Karnevalsgeist hinzugeben, konnten nur mit verblüffter Verwunderung auf die Szene starren , die ihnen so fremd war, während sie sich über die

Fröhlichkeit dieser Südstaatler wunderten , die mit Freiheit und Freiheit so weit gehen konnten dennoch nicht die Grenzen der Lizenz überschreiten.

Als sie schließlich die St. Charles Avenue erreichten und die Maillard-Residenz ein halbes Dutzend Blocks entfernt lag, befanden sich die beiden Gefährten weit weg von den großen Jahrmarktsmassen. Aber auch hier mangelte es nicht an Nachtschwärmern , die den Abend über zu Fuß verbrachten – vereinzelte Reste der Menschenmenge in der Innenstadt oder Mitglieder von Nachbarschaftsversammlungen auf dem Weg zur Unterhaltung.

Als die beiden weitergingen, bemerkten sie plötzlich eine schlanke Gestalt, die sich von hinten näherte; Mit einem rennenden Satz und einem Ausruf der Freude drängte sich die Gestalt zwischen sie und ergriff einen Arm eines der beiden Männer, und eine scherzhafte Stimme unterbrach ihre Unterhaltung.

"Verlieren!" es weinte. „Aufgegeben – wo sind Ihre Masken, nüchterne Herren? Dieser ernste Arzt kann begnadigt werden, aber kein Domino, der sich weigert, sich zu maskieren! Und aufgegeben, Sie sollen meine Eskorte sein und mich dorthin bringen, wohin Sie gehen."

Lachend kamen die beiden in Gleichschritt und blickten auf die fröhliche Gestalt zwischen ihnen. Als Columbine war sie sowohl verhüllt als auch maskiert. Um ihr Haar hing ein prächtiger Schal mit Metallverzierungen aus massivem Gold – etwas äußerst Ungewöhnliches. Auch aus ihren Worten ging hervor, dass sie sie erkannt hatte.

„Gerne, schöne Columbine", antwortete Fell in seinem trockenen und leidenschaftslosen Tonfall. „Wir würden uns in der Tat sehr freuen, Sie zu beschützen und mitzunehmen –"

„Zumindest bis zur Tür", unterbrach Ansley mit offensichtlicher Vorsicht. Aber Fell lachte trocken und ignorierte diese vorsichtige Einschränkung.

„Nein, guter Arzt, weiter!" ging weiter Fell. „Unsere Columbine hat einen ausgezeichneten Pass, das versichere ich Ihnen. Dieser hauchdünne Schal um ihre rabenschwarzen Locken wurde für die gute Königin Hortense gewebt, und ich würde eine zufällige Vermutung wagen, dass um ihren schlanken Hals herum der Kragen der Königin aus Sternsaphiren liegt ..." —"

"Oh!" Aus der Columbine ertönte ein warnender und rasch bestürzter Schrei. „Wagen Sie es nicht, meinen Namen auszusprechen, Sir – wagen Sie es nicht!"

Fiel stimmte mit einem Kichern zu und ließ nach.

Ansley betrachtete seine beiden Gefährten mit neugieriger Neugier. Er konnte Columbine nicht erkennen und er konnte nicht sagen, ob Fell im Scherz oder im Ernst von dem Schal und den Juwelen sprach. Solche historischen Dinge waren in New Orleans keine Seltenheit, doch Ansley hatte nie von diesen besonderen Schätzen gehört. Es schien jedoch, dass Fell ihre Begleiterin kannte und sie als Mitgast im Maillard-Haus akzeptierte.

„Was machst du alleine auf der Straße?" fragte Fell plötzlich. „Haben Sie keine Freunde oder Verwandten, die sich um Sie kümmern?"

Columbines Gelächter erklang und sie drückte vertrauensvoll Fells Arm.

„Habe ich nicht ein paar kleine Rechte auf der Welt, Monsieur?" sagte sie auf Französisch. „Ich habe mich unter die liebe Menge gemischt und sie genossen, bevor ich in der tristen Pracht des Hauses des reichen Mannes begraben werde . Sagen Sie mir, glauben Sie, dass der Mitternachtsmasker heute Abend erscheinen wird?"

„Ich habe allen Grund zu der Annahme, dass er es tun wird", sagte Jachin Fell ernst.

Columbine legte eine Hand an ihre Kehle und zitterte leicht.

„Du – glaubst du das wirklich? Du versuchst nicht, mir Angst zu machen?" Ihre Stimme war nicht mehr schwul. „Aber – die Juwelen –"

„Trage sie, trage sie!" Im Tonfall von Fell klang Befehl. „Wurden sie dir heute Abend nicht zum Anziehen gegeben? Dann trage sie auf jeden Fall. Mach dir keine Sorgen, meine Liebe."

Columbine sagte einen Moment lang nichts; Ihre Fröhlichkeit schien plötzlich erloschen und erloschen zu sein. Ansley wunderte sich unruhig über den Zwang, als sie endlich das Schweigen brach.

„Da du befohlen hast, soll dem Befehl gehorcht werden!" Sie versuchte zu lachen, was ziemlich gezwungen wirkte. „Dennoch, wenn sie verloren gehen und von der Maske gefangen genommen werden –"

„In diesem Fall", sagte Fell, „trage ich allein die Schuld. Wenn sie verloren gehen, kleine Columbine, werden auch andere mit ihnen verloren gehen, fürchte dich nicht! Ich denke, dass diese Party eine reiche Beute für den Masquer wäre, nicht wahr? „Nehmen Sie den reichen Mann und seine Freunde – sie könnten es ertragen, diese Menge auszureißen! Allesamt Schurken."

„Verwirr dich, Fell!" rief Ansley unruhig aus. „Wenn der Bandit auftaucht, muss er den Teufel bezahlen!"

„Und Maillard würde die Bezahlung übernehmen." Fells trockenes Lachen hatte eine bittere Note. „Lassen Sie ihn. Wen interessiert das? Schauen Sie sich sein Haus dort an, das in Lichtern erstrahlt. Wer bezahlt diese Lichter? Die Menschen, die seine finanziellen Tentakel wie ein Trottel umklammert haben. Die Juwelen seiner Frau wurden mit der Münze der Unterdrückung gekauft und Ungerechtigkeit. Das Leben seines Sohnes ist geprägt von Schurkerei und betrunkener Wildheit –"

„Mann, bist du verrückt?" Ansley deutete auf die Columbine zwischen ihnen. „Wir sind hier nicht allein – so darf man nicht reden –"

Jachin Fell lachte nur wieder. Columbines Lachen brach in neue Fröhlichkeit ein:

„Unsinn, mein lieber Galen! Wir dürfen während des Karnevals sicherlich wir selbst sein! Weg mit den Häresien der heuchlerischen Gesellschaft. Unser Freund spricht die nüchterne Wahrheit. Wir Maskierer mögen unter uns zugeben, dass Bob Maillard –"

„Das ist nicht der Mann, den unsere Töchter heiraten würden, vorausgesetzt, wir hätten Töchter", sagte Fell. Dann zeigte er auf das Haus vor ihnen und sein Ton änderte sich: „Jetzt, wo wir das Haus betreten, müssen wir uns jedoch an die Höflichkeit und die Einschränkungen der Gäste erinnern. Sagen Sie nichts mehr. Zeigen Sie Ihre Einladung vor, Columbine, denn ich denke, wir werden feststellen, dass die Türen heute Nacht von Cerberus bewacht werden.

Sie waren an einer Reihe von Limousinen und Autos angelangt und näherten sich dem Tor des Maillard-Hauses. Sie bogen in das Tor ein.

Das Haus ragte vor ihnen auf, ein großes Haus inmitten von Gärten, stattlich im Stil vergangener Zeiten. Die unteren Stockwerke waren zur Straße hin dezent abgedunkelt, doch im oberen Stockwerk, wo sich der Ballsaal mit seinem Zypressenboden befand, glitzerten helle Lichter und offene Fenster. Musik wehte zu ihnen, als sie näher kamen. Jachin Fell berührte Ansleys Arm und deutete auf eine unauffällige Gestalt auf einer Seite der Eingangstreppe.

„Ein äußerer Wächter", murmelte er. „Unser Gastgeber scheint keine Vorsichtsmaßnahme zu vernachlässigen! Der Masker tut mir leid, wenn er hier auftaucht."

Sie kamen zur Tür. Columbine zeigte eine ordnungsgemäß nummerierte Einladung und die drei betraten gemeinsam das Haus.

KAPITEL II

Maskierer

JOSEPH MAILLARD hätte die Notiz des Midnight Masquer hoffentlich für einen von einigen seiner Freunden begangenen Schwindel gehalten, aber er ging kein Risiko ein. Zwei Detektive waren auf dem Gelände vor dem Haus postiert; Drinnen behielten zwei andere, maskierte und kostümierte, ein stilles und effizientes Auge auf alles, was sich abspielte.

Jeder Gast wurde beim Eintreten direkt zu Joseph Maillard selbst oder seiner Frau geführt; wurde aufgefordert, sich in dieser Privataudienz zu demaskieren, dann wurde ihm ein Gefallen überreicht und er wurde erneut maskiert zu den Feierlichkeiten geschickt. Bei den Damen wurden diese Gefälligkeiten in Anstecksträußen verborgen; in dem der Männer, darin falsche Zigarren. Um Mitternacht, dem Zeitpunkt der Entlarvung, sollte eine allgemeine Öffnung der Gefälligkeiten stattfinden. Diese ganze Zeremonie wurde von den Gästen als eine entzückende Neuerung betrachtet und von Joseph Maillard als eine entzückende Möglichkeit, sich zu vergewissern, dass nur die geladenen Gäste sein Haus betraten. Einladungen könnten gefälscht sein – Gesichter, niemals!

Lucie Ledanois betrat die Gegenwart ihrer stattlichen Verwandten, und nachdem sie sich entlarvt hatte, tauschte sie pflichtbewusst Küsse mit Frau Maillard. Bis einige Monate zuvor, bis sie die Verwaltung ihres eigenen Besitzes – oder dessen Reste – übernommen hatte, war Lucie die Mündel der Maillards gewesen . Ihre frühere Haltung der Besessenheit war immer noch vorhanden, aber sie waren Verwandte, für die sie wenig wirkliche Zuneigung empfand.

„Gnade, Kind, wie wunderbar siehst du heute Abend aus!" rief Frau Maillard, hielt sie zurück und untersuchte ihre hohe Hautfarbe mit offensichtlichem Misstrauen. Mrs. Maillard war selbst ziemlich rundlich und rot und hatte obendrein einen strengen Blick. Sie war eine eifrige, meisterhafte Frau.

„Danke, Ma'am", und Lucie machte eine gespielte Höflichkeit. „Magst du die kleine Columbine?"

„Sehr gern. Hier ist Tante Sally. Nimm Miss Lucies Umhang, Sally."

Eine alte farbige Dienerin nickte zur Begrüßung mit dem Kopf und begrüßte Lucie, die ihr den Umhang abnahm. Als sie das tat, sah sie, dass Frau Maillards Stimme verstummte und dass die Augen der Dame in völliger Verwunderung auf ihren Hals gerichtet waren.

„Ist es nicht hübsch, Tante?" fragte sie lächelnd. Das belastete die Beziehung ein wenig, aber es war ein Brauch, den Lucie normalerweise in der Familie befolgte.

„Meine Güte, gnädig!" Die strengen Augen wurden hart. „Wo – wo in aller Welt hast *du* so etwas bekommen? Warum – warum –"

Columbines Gesichtszüge zuckten. Sie war natürlich eine arme Verwandte, daher klangen der Ausdruck in den Augen der älteren Frau und die Bedeutung der Worte kaum weniger als eine Beleidigung.

Leise legte sie eine Hand an ihren Hals, nahm das Halsband ab und ließ es in die Hand von Frau Maillard fallen. Es war etwas, das die Augen jeder Frau weiten ließ – ein Halsband aus exquisit gearbeitetem Gold, besetzt mit zehn großen funkelnden Sternsaphiren. Daneben wirkten die Diamanten, die Mrs. Maillards großzügige Vorderseite schmückten, kalt und leblos .

"Das?" fragte Lucie unschuldig, holte ein Stück Gämse hervor und tupfte sich damit die Nase ab. „Oh, das ist sehr interessant! Er wurde für Königin Hortense gemacht – genau wie dieser Schal, der verhindert, dass meine struppigen Haare ausfallen!"

„Du hast sie bestimmt nicht gekauft!" fragte Frau Maillard.

„Natürlich nicht. Sie waren ein Geschenk – erst heute Morgen."

"Mädchen!" Die Stimme der Dame war hart. „Ein Geschenk? Von wem bitte?"

„Oh, ich habe versprochen, es nicht zu sagen; er ist ein besonderer Freund von mir. Sind die Steine nicht hübsch?"

Frau Maillard war sprachlos. Sie presste ihre festen Lippen zusammen und sah zu, wie Lucie das Saphirhalsband wieder anlegte, ohne ein Wort zu sagen. Schweigend reichte sie einen Blumenstrauß aus dem Stapel neben sich; Dann zwang sie sich mit zitternder Stimme, den Gefallen darin zu erklären.

mich konsultieren, bevor Sie weitere so wertvolle Geschenke erhalten . Wenn Sie davon nichts erzählen möchten , brauchen Sie das natürlich nicht; aber ein Ratschlag genügt oft." rette ein Mädchen davor, sehr schwere Fehler zu machen.

„Danke, liebe Tante", und Lucie nickte, während sie den Blumenstrauß feststeckte. „ Du bist mir so lieb, wie du nur sein kannst! Bis später."

Als sie ihre Maske wieder aufsetzte, verschwand sie, nicht ohne Erleichterung. Sie wusste sehr gut, dass Bob Maillard innerhalb einer halben Stunde darüber informiert werden würde, dass sie Juwelengeschenke von anderen Männern angenommen hatte, mit allen damit verbundenen

Implikationen und Ergänzungen, die die Fantasie liefern konnte. Denn obwohl Bob Maillard sie unbedingt heiraten wollte, hatte seine Mutter nicht die Absicht, eine solche Verbindung zu genehmigen.

„Onkel Joseph auch nicht", überlegte sie und lächelte vor sich hin, „und ich auch nicht! Wir sind uns also alle einig, außer Bob."

"Akelei!" Eine Hand fiel auf ihr Handgelenk. „Columbine! Kehre um und bekenne deine Sünden!"

Das Mädchen stieß einen instinktiven Alarmschrei aus; Sie drehte sich um, nur um über ihren eigenen Schreck in ein verärgertes Lachen auszubrechen.

Sie war am Fuß der breiten, altmodischen Treppe angekommen, die zu den darüber liegenden Stockwerken führte, und neben ihr war plötzlich ein Franziskanermönch aufgetaucht, der von Kopf bis Fuß mit einer Kapuze und einem schlichten braunen Gewand bekleidet war.

„Du hast mir Angst gemacht, heiliger Mann!" sie weinte fröhlich. „Gestehen Sie es tatsächlich! Nicht ich."

„Nie eine bessere Chance, Schmetterling der Welt!" Es war eine Stimme, die sie vage erkannte, deren Besitzer sie jedoch nicht nennen konnte: eine fröhliche, unbekümmerte Stimme, die leicht verstellt war.

„Nie eine bessere Chance", und der Franziskaner bot seinen Arm an. „Beeile dich nicht zum Tanz, schöne Schwester – bleib eine Weile und lade die Seele zu wichtigen Reden ein! Nachdem du am Drachen am Tor vorbeigekommen bist, bleibe einen Moment mit diesem Mann der Gelübde –"

„Dann schrumpf mich schnell", sagte sie lachend.

„Jetzt ohne Beichte? Soll ich deine Gedanken lesen und Buße tun?"

„Wenn du das schaffst, heiliger Mann, darf ich es gestehen; also beweise es schnell!"

Im Moment standen sie allein da. Weiter oben auf der Treppe und in den Räumen dahinter befanden sich fröhliche Maskengruppen – Dominosteine, imposante Mephistos , Hinterwäldler, Galanten aus Spanien und Frankreich, Indianer und Hindus mit Turbanen.

Der Franziskaner beugte sich vor. Seine Stimme klang leise, deutlich und klar, und er sprach Französisch, das Lucie wie die meisten älteren Familien von New Orleans als eine weitere Muttersprache verstand.

„Sehen Sie, wie ich sie lese, Mademoiselle! Ein Gedanke ist ein unbehaglicher Verdacht; er wird durch einen hartnäckigen, gierigen Mann verkörpert. Ein Gedanke ist von tiefem Bedauern; er wird durch einen dunklen, wogenden Ölstrahl verkörpert. Ein Gedanke – "

Plötzlich war Lucie vor ihm zurückgeschreckt. „Wer – wer bist du?" Sie atmete mit einem Keuchen, das fast aus Angst klang. „Wer sind Sie, Monsieur?"

„Ein bescheidener Bruder geringerer Ordnung", und er verneigte sich. „Soll ich nicht mit meiner Lektüre fortfahren? Der dritte Gedanke, Mademoiselle, ist ein Gedanke der Hoffnung; er wird durch einen kleinen Mann verkörpert, der ganz in Grau gekleidet ist –"

Lucie wandte sich schnell von ihm ab.

„Ich denke, dass Sie einen schwerwiegenden Fehler gemacht haben, Monsieur", sagte sie. Ihre Stimme war kalt, voller Entlassung und verletzter Würde. „Ich bitte Sie, entschuldigen Sie mich."

Ohne auf eine Antwort zu warten, rannte sie hastig die Treppe hinauf. Nach ihr blickte sie einen Moment lang auf den Franziskaner, zuckte dann mit den breiten Schultern und stürzte sich in die Menge.

Der Ballsaal im obersten Stockwerk war voller Musik, voller Kostüme und Dekorationen und voller tanzender Paare. Columbine drehte mittendrin eine Pirouette. Fast sofort tanzte sie mit einem prächtig gekleideten Musketier; sie trennte sich so schnell wie möglich von ihm, denn sie erkannte in ihm Bob Maillard. Er fand sie auch nicht wieder, obwohl er sie suchte, ohne ihre Identität zu kennen; denn sie ist ihm ausgewichen.

Während sie tanzte, während sie plauderte und lachte und in die verrückte Fröhlichkeit des Abends eintauchte, konnte Lucie Ledanois diesen unheilvollen Franziskaner nicht aus ihrem Gedächtnis verbannen. Wie konnte er das wissen? Wie konnte er ahnen, was nur sie und ein anderer kaum ahnten? Es gab natürlich keinen Beweis; Der bloße Hauch von Misstrauen schien eine Verleumdung gegen einen aufrichtigen Mann zu sein!

Joseph Maillard hatte das Terrebonne-Land sechs Monate vor der Entdeckung von Gas oder Öl verkauft, und acht Monate bevor Lucie die Verwaltung ihrer eigenen Angelegenheiten übernommen hatte. Er hatte natürlich nichts von den Mineralien gewusst; Es handelte sich lediglich um ein schlechtes Urteilsvermögen. Doch zweifellos war er jetzt Aktionär und leitender Angestellter der Bayou Oil Company, des Konzerns, der diesen Landstreifen gekauft hatte.

Zwei Jahre zuvor hatte Maillard das Sumpfland oben in der Gemeinde St. Landry verkauft; Das Land war von Immobilienmaklern mit enormem Profit trockengelegt und abgetrennt worden.

Lucie versuchte wütend, die dunklen Gedanken aus ihrem Kopf zu verbannen. Maillard war ein reicher Mann, ein Bankier, ein ehrenhafter Herr! Es war unmöglich, an seiner Ehre zu zweifeln , obwohl er ein strenger und strenger Mann war. Lucie kannte ihn besser als die meisten und konnte nicht glauben –

„Darf ich um Verzeihung für meinen Fehler bitten?" kam eine Stimme an ihrem Ellbogen. Sie drehte sich um und sah den Franziskaner wieder neben sich. „Tausend Entschuldigung für Ihre Unverschämtheit, Mademoiselle; ich bereue meine Fehler sehr. Wird mir dieses Eingeständnis nicht einen kleinen Tanz, einen Wink der Vergebung von der schönen Columbine verschaffen?"

Etwas in seiner Stimme verriet Aufrichtigkeit. Lucie streckte lächelnd ihre Hand aus.

„Du bist begnadigt, heiliger Mann. Wenn du in der Robe dieses Mönchs tanzen kannst, dann versuche es!"

Konnte er tatsächlich tanzen? Wer könnte nicht mit Columbine als Partnerin tanzen? Mit diesen Worten bewies der Mönch sein Wort durch die Tat und bewies es gut. Er deutete auch nicht erneut an , dass er sie erkannt hatte; bis er sie beim Abschied erneut erstaunt und beunruhigt zurückließ. Während er sich verbeugte, murmelte er:

„Vorsicht, süße Columbine! Hüte dich vor dem schwulen Aramis! Hüte dich vor seinen Vorschlägen!"

Er war dem Wort nicht gefolgt.

Aramis? Das muss natürlich der Musketier sein – Bob Maillard! Der Name mit seinen Implikationen war ein kluger Hit. Aber wer war dieser braune Mönch, der so viel zu wissen schien, der so göttlich tanzte, dessen Französisch wie Musik war? Das Mädchen hatte einen vagen Verdacht, konnte es aber nicht beweisen.

Eine halbe Stunde später kam Bob Maillard zu ihr und bahnte sich mit ungeduldigen Worten einen Weg durch den Kreis, der sie umgab. Er ergriff ihre Hand und beugte sich mit einer galanten Geste darüber, was ihm gut stand, denn in seinem Kostüm machte er eine hübsche Figur.

„Ich kenne dich jetzt, Lucie!" er murmelte. „Ich muss dich sofort sehen – im Wintergarten."

Sie wollte ablehnen, stimmte aber kurz zu. Die Worte des Mönchs faszinierten sie; Was hatte der Mann vermutet? Wenn Bob tatsächlich vorhatte , einen Heiratsantrag zu machen, würde sie seine Hoffnungen dieses Mal endgültig zunichtemachen. Aber – war es so ein Vorschlag?

Als es ihr gelang, ihre Bewunderer loszuwerden und zum Konservatorium hinabzusteigen, war sie sehr verärgert über sich selbst und den Franziskaner, und so kam sie zu ihrem Termin in keiner ausgeglichenen Stimmung. Sie fand Maillard im altmodischen Wintergarten wartend; er hatte seine Maske entlarvt und paffte an einer Zigarette. Seine schweren Gesichtszüge und seine kühnen, klugen Augen waren hungrig auf sie gerichtet, als er ihr entgegenkam.

„Bei Gott, Lucie, du bist heute Abend wunderschön!"

„Danke, Cousin Robert. War das dafür –?"

„Nein! Sehen Sie, woher haben Sie dieses Juwelenhalsband?"

"In der Tat!" Das Mädchen richtete sich stolz auf. „Was haben Sie damit zu tun, Sir?"

„Gehören Sie nicht zur Familie? Es ist unsere Aufgabe, Ihren Ruf zu schützen –"

"Seien Sie vorsichtig!" Wut zitterte in ihrer Stimme und unterbrach seine Worte. "Seien Sie vorsichtig!"

„Aber verdammt – Lucie! Weißt du nicht, dass ich dich heiraten will –
"

möchte auf keinen Fall einen Mann heiraten , der mir ins Gesicht flucht – dich am allerwenigsten!" sie intervenierte kalt. „Ich habe Sie bereits dreimal abgelehnt; dies soll das vierte und letzte Mal sein. Ich schulde Ihnen keinen Rechenschaftsbericht über meine Besitztümer und auch nicht darüber, wo ich sie herbekomme; ich bin durchaus in der Lage, meine eigenen Angelegenheiten zu regeln. Sagen Sie mir nun bitte freundlich, warum Sie mich gewünscht haben." um dich hier zu treffen. Außerdem weißt du, dass ich keinen Zigarettenrauch mag."

Maillard warf mürrisch seine Zigarette weg; Mit Mühe beruhigte er sich. Er war alles andere als ein Narr, dieser junge Mann. Er war ziemlich schlau und erkannte, dass er seine hübsche Cousine so lange als einen persönlichen Besitz betrachtet hatte, dass er nun in Gefahr war, sie zu verlieren.

„Ich habe die Chance, schnell etwas Geld für Sie zu verdienen", sagte er. „Dein Vater hat dir ein großes Stück Land oben im Bayou Terrebonne hinterlassen –"

„Dein Vater hat einen Teil davon verkauft", warf sie beiläufig ein. Seine Augen flackerten über den Stoß.

„Ja, aber Sie haben noch viel übrig, in der Nähe von Paradis. Es liegt abseits des Gasfeldes, aber ich interessiere mich für eine Ölgesellschaft. Wir haben jede Menge Geld und werden uns auf die Suche nach dem flüssigen Gold machen." Ihr Land ist für nichts anderes zu gebrauchen, und wenn Sie etwas Geld damit verdienen wollen, werde ich die Firma zu einem guten Preis verpachten und dort bohren."

„Glaubst du, es gibt Öl auf dem Land?"

"NEIN." Er machte eine schnelle, energische Geste des Widerspruchs. „Um ehrlich zu sein, tue ich das nicht. Aber ich würde dir gerne ein bisschen Glück schenken, Lucie. Wir bringen viel Geld in die Firma und ein paar Köpfchen. Dieser Gramont – der Prinz, du." Ich kenne ihn – er ist Ingenieur und Geologe und er ist im Schwimmen.

„Also", das Mädchen lächelte ein wenig, „du würdest deine Geschäftsfreunde verraten, um ein bisschen Geld für mich zu verdienen?"

Maillard starrte sie an. „Nun, wenn du es so ausdrückst, ja! Ich würde mehr als das tun für –"

„Danke", unterbrach sie mit kalter Stimme. „Ich glaube nicht, dass ich deiner Scharfsinnigkeit allzu sehr trauen würde, Robert. Gute Nacht."

Sie wandte sich von ihm ab und war verschwunden, tanzte durch die großen Räume wie eine echte Columbine. Später sah er sie unter den Tänzern oben, obwohl er mit ihr kein weiteres Gespräch mehr erreichen konnte.

Mitternacht rückte näher und bereitete vielen Sorgen ; Der Mitternachtsmasker hatte seinen Namen dadurch erlangt, dass er stets einen oder zwei Augenblicke vor dem zwölften Schlag erschien. Jachin Fell, der seine Zeit zwischen dem Genießen des Raucherzimmers und dem Umherwandern zwischen den Maskenkünstlern aufteilte, bemerkte, dass Joseph Maillard die Zeit mit Sorge beobachtete.

Maillard war ein großer Mann mit strengem und etwas verächtlichem Blick, eher imposant als gutaussehend. Er schien der typische Bankier zu sein, effizient, ohne jegliche Sentimentalität. Amüsiert über das offensichtliche Unbehagen des Mannes behielt Jachin Fell ihn im Auge, während sich die Momente hinzogen. Man könnte meinen, dass der kleine graue Mann den Finanzier studiert, wie ein Entomologe einen Schmetterling auf einer Stecknadel studiert.

Kurz vor zwölf drehte Columbine eine Pirouette auf Jachin Fell zu und nahm den Arm an , den er ihr anbot. Sie waren für einen Moment allein in einer Ecke des Ballsaals.

„Ich muss dich bitte morgen sehen", hauchte sie.

„Gerne", stimmte er zu. „Darf ich anrufen? Es ist Sonntag, wissen Sie –"

„Wenn Sie so wollen; um drei. Etwas ist passiert, aber ich kann hier nicht darüber sprechen. Weiß sonst noch jemand , dass Sie – dass Sie an meinen Angelegenheiten interessiert sind?“

Die blassgrauen Augen des kleinen grauen Mannes sahen sehr unschuldig und verwundert aus.

„Ganz sicher nicht, meine Liebe! Warum?“

"Ich werde es Ihnen morgen sagen." Dann brach sie in Gelächter aus. „Nun, es ist Mitternacht – und der Masker ist nicht erschienen! Es tut mir fast leid.“

Die Lichter gingen für einen Moment aus und gingen dann wieder an. Das Signal zur Demaskierung!

Der Tanz hörte auf. Aus dem ganzen Raum erklang ein Stimmengewirr – überraschte Schreie, Ausrufe, fröhliches Gelächter. Columbine nahm ihre Maske ab. Einen Augenblick später kam Joseph Maillard auf sie zu, kicherte vor sich hin und sah äußerst erleichtert aus.

„Ha, Lucie! Ich habe dich unter der Columbine-Anmut erraten! Nun ja, Jachin , es war doch ein Schwindel, oder? Irgendein verdammter Scherz. Komm in fünf Minuten in die Bibliothek, ja? Ein Treffen des erlesenen Kreises, um über das Verbot diskutieren.“

„Wirst du mich nicht einladen, Onkel Joseph?“ unterbrach Lucie fröhlich.

„Nein, nein, Kleiner!“ Maillard tadelte sie lachend. „Sehen Sie in Ihrem Alter nicht auf den Silberbecher , meine Liebe. Haben Sie Ihre Gunst schon geprüft?“

Als sie sich erinnerte, packte das Mädchen ihre Korsage. Auf allen Seiten ertönten Freudenschreie, als die Gefälligkeiten enthüllt wurden — überaus schöne Gefälligkeiten , sogar für den Karneval! Aus dem Herzen der Rosenknospen in ihrer Hand entfernte Lucie eine Brosche aus alter Filigranarbeit, die mit einer Gruppe Perlen besetzt war. Sie blickte sich nach Jachin Fell um, doch er war mit Maillard verschwunden. Eine Stimme erhob sich neben ihr:

„Mademoiselle, Sie haben nicht weniger Glück als Schönheit! Perlen an der Perle!“

Sie drehte sich um und sah den Franziskaner – der nicht mehr maskiert war, sondern sie nun mit offenem, lachenden Gesicht anstarrte, immer noch teilweise verschleiert von der braunen Kapuze, die eng um seinen Kopf gezogen war.

„Henry Gramont !" rief sie aus. „Oh, ich hatte fast den Verdacht, dass du es warst –"

„Aber du warst dir nicht sicher?" er gluckste. „Du bist mir nicht böse, Lucie?"

"Ich sollte." Sie warf den Kopf zurück. „Sie waren unverschämt, Herr Prinz!"

Er machte eine unangenehme Geste. „Nichts davon, Lucie! Du weißt, dass es mir nicht gefällt –"

„Oh, la, la!" sie verspottete ihn. „M. le Prince sieht Amerika, *nicht wahr Was ist passiert* ? Er ist nach Amerika gekommen, um eine reiche Frau zu finden, nicht wahr?"

Gramonts Gesicht verlor sein Lächeln und wurde plötzlich fast rau.

„Ich werde dich morgen um vier besuchen, Lucie", sagte er abrupt und drehte sich um. Er wartete auch nicht auf ihre Antwort. Einen Augenblick später war Lucie von einer fröhlichen Gruppe Freunde umgeben und sie sah Henry Gramont nicht mehr .

Ungefähr fünf Minuten später hörten die Anwesenden im Ballsaal durch die offenen Fenster deutlich das schwere Pulsieren eines Flugzeugmotors.

KAPITEL III

Der Bandit

Die Bibliothek von JOSEPH MAILLARD befand sich im Erdgeschoss des Hauses; Es war ein ruhiger und stattlicher Raum, der stets von sich selbst abgeschottet war. Ausgerechnet in dieser Nacht wurde es nicht einmal mit dem Rest des Hauses geöffnet.

Hier war seit einer guten halben Stunde Onkel Neb. Der alte Butler war auf mysteriöse Weise mit bestimmten hohen Silberkelchen, duftender Minze und noch mehr duftenden – wenn auch illegalen – Flaschen beschäftigt. Und hierher rief Joseph Maillard ein halbes Dutzend seiner besonderen Kumpanen und Freunde zusammen, nachdem ihm Schlag Mitternacht versichert hatte, dass von dem Banditen keine Gefahr auszugehen sei. Sein Sohn war nicht darunter. Bei dem halben Dutzend handelte es sich fast ausschließlich um ältere Männer, und mit Ausnahme von Jachin Fell waren alle Männer in prominenten Angelegenheiten.

Um den Tisch gruppierten sich Maillard und seine Gäste , während im Hintergrund Onkel Neb schwebte, glänzend schwarz, äußerst wichtig und breit grinsend. Fell war der Letzte, der den Raum betrat, und dabei drehte sich der alte Richter Forester lächelnd zu ihm um.

„Ah, hier ist ein Anwalt, in dem es keine Arglist gibt! Jachin , kommen Sie und schlichten Sie einen Streit. Ich behaupte, dass die Würde des Gesetzes heute nicht geringer ist als früher; dass es sich lediglich an veränderte Bedingungen angepasst hat, und dass es jetzt wie immer ein Beruf für Herren ist. Jules, bringen Sie Ihre Argumente vor!"

Jules Delagroux , ein weißhaariger kreolischer Anwalt von hohem Ansehen, lächelte ein wenig traurig.

„Mein Fall", sagte er, „ist, dass die alten Zeiten vorbei sind; dass das Gesetz kein Beruf mehr ist, sondern eine Gefolgschaft für Scharlatane. Mit einem Wort, dass das Gesetz von den Anwälten getötet wurde." Er machte eine Geste der Endgültigkeit und warf Fell einen Blick zu.

"Also?" Jachin Fell lächelte auf seine schüchterne Art. „Meine Herren, ich stimme Ihnen beiden voll und ganz zu. Ich bin Anwalt, aber ich praktiziere nicht , weil ich mich nicht an die sich sehr ändernden Bedingungen anpassen kann, von denen Richter Forester spricht. Heutzutage muss der Anwalt ein Politiker sein ; er muss es sein ein Meister im Umgang mit Worten und Taten; er muss in der Lage sein, seinem Beruf nicht zu dienen, sondern ihn ihm dienen zu lassen, und er muss immer daran denken, dass die Eigentumsrechte heiliger sind als die des Lebens und der Freiheit. Andernfalls wird er es tun bleib ehrlich und arm.

Der Ausruf „Wahr" des Richters sorgte für Lächeln. Jachin Fell fuhr skurril fort:

„In Anbetracht dieser Bedingungen war ich vor vielen Jahren, meine Herren, versucht, meinen Beruf zu wechseln – aber wohin? Ich war versucht, in die Kirche einzutreten, bis ich sah, dass die gleichen Bedingungen auch für einen Geistlichen gelten Ich sah, dass sie auch auf einen Arzt zutrafen. Ich fühlte mich zu anderen Dingen versucht, immer mit dem gleichen Ergebnis. Nun, du kennst die Geschichte von Tante Dixie und ihrer schwarzen Unterwäsche – „Schatz, ich schäme mich nicht für meine Trauer; Wenn ich trauere, *trauere ich* !' Trotzdem mit dem Gesetz –"

Ein lautes Gelächter übertönte ihn und der ursprüngliche Streit war vergessen. Maillard stand vor einem kleinen Wandtresor, der den offenen Kamin flankierte, und hob seinen mit Perlen bedampften Silberkelch . Der Moment, auf den er gewartet hatte, war da; Er feuerte seinen kleinen Blitz mit einer Miene zufriedener Wichtigkeit ab.

„Meine Freunde, ich muss ein Geständnis machen!" er kündigte an. „Heute erhielt ich eine Nachricht vom Mitternachtsmasker, dass er heute Abend voraussichtlich um Mitternacht, seiner üblichen Zeit, bei uns sein würde."

Diese Worte lösten eine augenblickliche Stille aus. Onkel Neb stieß aus seiner Ecke ein erschrockenes „Fore de lawd !" aus. das hallte durch den Raum; doch niemand lächelte. Das halbe Dutzend Männer war angespannt, wachsam und erstaunt. Aber Maillard hob seinen silbernen Becher und lachte fröhlich.

„Ich habe alle Vorsichtsmaßnahmen getroffen, meine Herren. Die Stunde der Gefahr ist vorbei, und der berüchtigte Bandit ist noch nicht angekommen – oder, wenn er angekommen ist, befindet er sich jetzt in den Händen des Gesetzes. Schließlich könnte es sich bei dieser Notiz um etwas gehandelt haben die Natur eines Karnevalsscherzes! Also hoch mit den Tassen, meine Freunde – eine lebenslange Gesundheit für den Karneval und Verdammnis für die Prohibition und die Mitternachtsmaske!"

Von allen kam eine rasche Zustimmung zum Trinkspruch, ein Murmeln erleichterter Anspannung. Die silbernen Kelche wurden angehoben und mit einem musikalischen Klirren an den Rändern berührt, und der aromatische Hauch von Juleps erfüllte die Bibliothek, während die Trinker in echter Südstaaten-Manier ihre Nasen in die duftende Minze steckten. Dann, als die Tassen heruntergelassen wurden, ertönte aus der

Nische der mit Vorhängen versehenen Fenster an einem Ende des Raumes eine leise Stimme:

„Ich danke Ihnen, meine Herren! Aber ich muss Sie daran erinnern, Maillard, dass in der Notiz keine Frist festgelegt war."

Mit einem gleichzeitigen Keuchen drehten sich alle um. Maillard taumelte; sein Gesicht wurde wütend. Onkel Neb, der gerade dabei war, die Tassen aufzufüllen, ließ sein silbernes Tablett mit einem Krachen fallen, das unbeachtet, ja ungehört blieb. Alle Augen waren auf diese erstaunliche Gestalt gerichtet, die jetzt aus den Schatten der Nische hervortrat.

Es handelte sich um die Figur eines Fliegers, der von Kopf bis Fuß in Leder gekleidet war und dessen Kopf und Gesichtszüge durch die Schutzbrille und das Helmschild vollständig verdeckt waren . In seiner Hand hielt er eine automatische Pistole, deren drohendes Maul die Männergruppe vor ihm verdeckte.

„Bitte kein Geräusch", warnte er mit dünner und nasaler Stimme – offensichtlich getarnt. „Ich vertraue darauf, dass keiner von Ihnen, meine Herren, bewaffnet ist, weil ich sehr schnell am Abzug bin. Eine sehr angenehme Überraschung, Maillard? Sie haben mich aufgegeben, nicht wahr?"

Einen Moment lang sprach niemand. Dann bewegte Maillard sich leicht und bewegte seine Hand auf einen Knopf in der Wand neben dem Safe. Die Stimme des Banditen sprang wie dünner Stahl auf ihn zu:

„Ruhe, du Narr! Wenn du diesen Knopf drückst –"

Maillard versteifte sich und umklammerte mit seiner zitternden Hand die Tischkante.

„Das ist ein Skandal, hm !" begann Richter Forester, sein weißer Spitzbart sträubte sich. Der Bandit verneigte sich leicht und wandte sich mit trockenem Spott an die Versammlung:

„Eine Empörung? Genau. Sie haben gerade über die Majestät des Gesetzes gesprochen. Nun, ich versichere Ihnen, dass ich Ihre Diskussion äußerst interessant fand. Herr Fell hat richtig festgestellt, dass die Eigentumsrechte aus rechtlicher Sicht heiliger sind als die Rechte auf Eigentum Menschenleben. Sehen Sie, meine Herren, die Diskussion hat mich sehr berührt!

„Ich bin jetzt damit beschäftigt, gegen das Gesetz zu verstoßen, und ich habe Herrn Fell diesen Änderungsantrag vorzuschlagen : Wenn er versucht gewesen wäre, dem Beruf eines Räubers nachzugehen , hätte er die gleichen Bedingungen vorgefunden, die er für andere gelten ließ Berufe."

Jachin Fell, der Einzige am Tisch, erlaubte einem Lächeln, seine Lippen zu verziehen.

„Die Eigentumsrechte", fuhr der Bandit mit tödlicher Geschmeidigkeit fort, „sind für mich auch weitaus heiliger als das menschliche Leben; da stimme ich mit dem Gesetz überein. Also, meine Herren, leeren Sie bitte Ihre Taschen auf dem Tisch." Seine Stimme wurde klar. „Die juwelenbesetzten Schalnadeln, die Sie heute Abend als Geschenk erhalten haben, können der Sammlung hinzugefügt werden; andernfalls werde ich Ihre privaten Besitztümer nicht anfassen. Keine Uhren, danke. Maillard, bitte beginnen Sie! Ich glaube, dass Sie eine Brieftasche bei sich tragen? Wenn du bitte."

Der Bankier konnte nicht anders, als zu gehorchen. Mit zitternden Händen vor Angst und Wut holte er eine Brieftasche aus der Tasche und legte einen Stapel Geldscheine auf den Tisch. Einer nach dem anderen folgten die anderen Männer seinem Beispiel. Der Bandit machte keinen Versuch, sie zu durchsuchen, sondern beobachtete mit glitzernden Augen hinter seiner Maske, wie sie Geld und Schalnadeln auf den Tisch legten. Als er an der Reihe war, Jachin Fell zog einen einzelnen Geldschein aus seiner Tasche und legte ihn hin.

„Haben Sie einigermaßen Vertrauen in diese Warnung, Mr. Fell?" Der Bandit lachte. „Glaubst du, dass du mich wiedererkennen wirst?"

„Das glaube ich kaum, Sir", antwortete Fell in seiner entschuldigenden Art. „Deine Verkleidung ist wirklich hervorragend."

"Danke schön." Die Stimme des Banditen klang leicht spöttisch. „Dieses Kompliment von Ihnen, Sir, ist uns sehr willkommen."

„Was zum Teufel meint der Kerl?" explodierte Richter Forester.

„Dann wissen Sie nicht, dass Mr. Fell ein Mann mit großen Angelegenheiten ist?" Die weißen Zähne des Banditen blitzten zu einem Lächeln auf. „Er ist ein bescheidener Mann, dieser Anwalt! Und auch ein gefährlicher Mann, das versichere ich Ihnen. Aber kommen Sie, Herr Fell, ich werde Sie nicht verraten."

Jachin Fell schätzte die Höflichkeit offensichtlich nicht. Seine schüchternen und verwunderten Gesichtszüge wirkten starr und verhärtet.

„Wer auch immer du bist", antwortete er mit einem subtilen Anflug von Wut in seinem Ton, „du wirst dafür bestraft werden!"

„Wofür, Mr. Fell? Weil Sie zu viel über Ihre Privatangelegenheiten wissen?" Der Bandit lachte . „Fürchten Sie sich nicht – zum Glück bin ich in diesem Spiel nur ein Amateur! Tun Sie also Ihr Bestes, und mein Segen sei mit Ihnen! Nun, meine Herren, treten Sie freundlicherweise ein paar Schritte zurück und gesellen Sie sich zu Onkel Neb dort drüben an die Wand. Alle außer Ihnen, Maillard; Ich bin noch nicht fertig mit dir.

Die automatische Pistole machte eine Geste; Unter seiner Drohung gehorchten alle dem Befehl, denn die ruhige Gewissheit des Banditen ließ es äußerst wahrscheinlich erscheinen, dass er die Waffe ohne Gewissensbisse benutzen würde. Die Männer zogen sich zum anderen Ende des Raumes zurück, wo ein Wort des Fliegers sie anhielt. Maillard blieb stehen, wo er war, seine schweren Gesichtszüge waren jetzt von ohnmächtiger Wut gesprenkelt.

Der Masker trat an den Tisch und steckte den Haufen Geld und Schalnadeln in die Ledertasche seines Mantels. Während des Vorgangs wandte er seinen Blick nicht von der Gruppe der Männer ab, und auch die Drohung mit seiner Waffe löste sich nicht von dem Bankier vor ihm.

„Jetzt, Maillard“, befahl er leise, „Sie werden die Freundlichkeit haben, sich umzudrehen und den Wandsafe hinter Ihnen zu öffnen. Und berühren Sie nicht den Knopf.“

Maillard begann.

„Dieser Safe! Warum – warum – verdammt noch mal, ich werde nichts dergleichen tun!“

„Wenn du es nicht tust“, lautete die kühle Drohung, „schieße ich dir durch den Bauch. Ein Mann fürchtet sich vor einer Kugel dort, schlimmer als der Tod. Sie kann dich töten, vielleicht aber auch nicht; das ist mir wirklich egal.“ Du – du Finanzier!“

Verachtung schwang sich in die leise Stimme, eine Verachtung, die bissig und bissig war.

„Du Geldbetrüger! Glaubst du, ich würde einen solchen Mann wie dich verschonen? Du beziehst deine Miete von den Armen und Bedürftigen, deine Hypotheken decken die Hälfte der Gemeinden im Staat, und in deinem Herzen gibt es weder Mitleid noch Mitleid für Mann oder Frau . Sie stehlen das Eigentum anderer hinter dem Schutzvorhang des Gesetzes; ich mache es hinter einer Pistole! Ich beraube nur diejenigen, die es sich leisten können, zu verlieren – bin ich in den Augen von Moral und Ethik wirklich so schlecht wie Sie? Bah! Ich könnte dich bedenkenlos abschießen!“

In seiner Stimme lag eine so tödliche Bedrohung, dass Maillard zitterte. Doch der Bankier richtete sich auf und kämpfte um Selbstbeherrschung, so sehr ihn die Flut an Beschimpfungen vor der Gruppe seiner engsten Freunde traf.

„In diesem Safe ist nichts von mir“, sagte er mit leisem Knurren. „Ich habe es meinem Sohn zur Nutzung gegeben. Er ist nicht hier.“

„Deshalb", sagte der Masker ruhig, „das ist genau der Grund, warum ich dich bitte, es zu öffnen. Dein Sohn muss seinen Beitrag leisten, denn ich bereue seine Abwesenheit zutiefst. Wenn du ein Krimineller bist, ist er schlimmer! Du raubst und stiehlst unter." Schutz des Gesetzes, aber du hast gewisse Grenzen, gewisse Grenzen einer fast entwachsenen Ehre . Er hat keine, dein Sohn. Er würde nicht zögern, deine eigenen Tricks gegen dich anzuwenden, *dich zu berauben* , wenn er könnte ! Öffne den Safe oder trage die Konsequenzen; jetzt ist Schluss mit Reden!"

Der Befehl ertönte wie ein Schleudertrauma. Mit einem hilflosen Achselzucken drehte sich der Bankier um und fummelte am hervorstehenden Knopf des Safes herum. Mit einer Ausnahme waren alle Augen auf diese erstaunliche Maske gerichtet. Die Ausnahme bildete Jachin Fell, der, plötzlich aufmerksam und wachsam, seine Aufmerksamkeit auf Maillard und den Safe gerichtet hatte, eine scharfe Spekulation in seinem Blick, als würde er sich fragen, was dieser Stahltresor wohl hervorbringen würde.

Alle schwiegen. Irgendetwas an diesem Mitternachtsmasker hatte sie in seinen Bann gezogen. Vielleicht neigten einige dazu, ihn für einen Narren zu halten, der zu der Gruppe gehörte, die sich unter dem Deckmantel des berühmten Banditen ausgab; Wenn ja, dann hatten seine letzten Worte an Maillard alle solchen Gedanken beseitigt. Diese Anklage war tödlich und schrecklich gewesen – und wahr, wie sie wussten. Bob Maillard wurde von den Freunden seines Vaters, die ihn am besten kannten, nicht besonders bewundert.

Jetzt schwang die Tür des Safes auf. Die Fächer schienen leer zu sein.

„Nehmen Sie die Schubladen heraus und klappen Sie sie über den Tisch", befahl der Masker.

Maillard gehorchte. Er nahm mehrere der kleinen Schubladen mit, und alle erwiesen sich als leer; Diese Entwicklung löste bei Jachin Fell ein trockenes Lachen aus . Dann fiel aus der letzten Schublade ein großer, versiegelter Umschlag auf den Tisch. Der Masker beugte sich vor, ergriff diesen Umschlag und steckte ihn in seine Tasche.

„Danke", bemerkte er. "Das ist alles."

"Verdammt!" rief Maillard und schüttelte die Faust. „Sie würden es mit Erpressung versuchen, oder?"

Der Bandit betrachtete ihn einen Moment lang und lachte dann.

„Wenn Sie wüssten, was in diesem Umschlag war, mein lieber Finanzier, würden Sie vielleicht nicht so hastig sprechen. Wenn ich wüsste, was darin war, würde ich Ihnen vielleicht antworten. Aber ich weiß es nicht. Ich vermute nur – und hoffe."

Während er sprach, ging der Bandit rückwärts auf die Tür zu, die zum unteren Flur des Hauses führte. Er öffnete diese Tür, warf einen schnellen Blick in den Flur und steckte dann den Schlüssel nach draußen.

„Und nun, meine Freunde – *au revoir*!"

Der Masker sprang rückwärts in die Halle. Die Tür wurde zugeschlagen, der Schlüssel klickte. Er war gegangen!

Maillard war der Erste, der zu Stimme und Tat erwachte. „Die andere Tür!" er weinte. „Ins Esszimmer –"

Er riss eine zweite Tür auf und rannte ins Esszimmer, gefolgt von den anderen Männern. Hier waren die Fenster, die zum Garten hinausgingen, offen. Dann blieb Maillard plötzlich stehen, und die anderen folgten ihm; Durch die Nacht pulsierte mit großer Deutlichkeit das pochende Dröhnen eines Flugzeugmotors! Aus Maillard brach ein bitterer Schrei aus:

„Die Detektive – ich hole die Narren hierher! Ihr Herren durchsucht das Haus; Onkel Neb, geht mit ihnen in jedes Zimmer! Dieser Kerl kann unmöglich entkommen sein –"

„Keine beunruhigenden Worte an die Damen", rief Richter Forester hastig. „Wenn er nicht oben war, dann haben sie nichts von ihm gesehen. Wir müssen uns aufteilen und suchen."

Sie trennten sich hastig. Maillard rannte davon, um die Detektive zu rufen, und auch um andere Männer zur Hilfe bei der Suche zu bewegen.

Das Ergebnis war vergeblich. Innerhalb von zwanzig Minuten war das ganze Haus, vom Keller bis zur Mansarde, gründlich durchsucht worden, ohne dass die Tänzer im Ballsaal irgendeine Beunruhigung erregten. Maillard kam sich ein wenig verrückt vor. Man hatte niemanden gesehen, der das Haus betrat oder verließ, und mit Sicherheit war kein Flugzeug in der Nähe gewesen. Der Masquer war nur in der Bibliothek aufgetaucht, und jetzt war er zweifellos nicht mehr im Haus. Nach allen Aussagen hatte er es weder betreten noch verlassen!

„Nun, ich bin verdammt!" sagte Maillard hilflos zu Richter Forester, als die Durchsuchung abgeschlossen war. „Keine Spur von dem Schurken! Hier, Fell – kannst du uns nicht helfen? Hast du nichts entdeckt?"

„Nichts", antwortete Jachin Fell ruhig.

In diesem Augenblick stürzte Bob Maillard herbei. Er hatte gerade vom Besuch des Masquer erfahren. Als Antwort auf seine aufgeregte Frage beschrieb sein Vater die Szene in der Bibliothek und fügte hinzu:

„Ich gehe davon aus, dass in deinen Papieren nichts Wichtiges war, Robert?"

„Nein", sagte der jüngere Mann. „Nein. Überhaupt nichts Wertvolles."

Henry Gramont kam vorbei. Er fing die Worte auf und hielt inne, während sein Blick für einen Moment auf der Gruppe ruhte. Ein schwaches Lächeln lag auf seinen eher streng gezeichneten Gesichtszügen.

„Das habe ich gerade gefunden", verkündete er und hielt ihm ein Papier hin. „Es war an der Außenseite der Bibliothekstür befestigt. Ich nehme an, dass Ihr verstorbener Besucher es als Andenken hinterlassen hat?"

Jachin Fell nahm die Zeitung entgegen, während die anderen Männer sich um ihn drängten.

„Ah, Maillard! Die gleiche Handschrift wie die Ihres Briefes!"

Auf das Papier war mit Bleistift eine einzelne hastige Zeile geschrieben :

Mein Kompliment an Robert Maillard – und mein Dank.

Bob Maillard sprang vor und inspizierte wütend das Papier. Als er es aufgab, beanspruchte Fell es ruhig erneut.

„Verwirrung des Schurken!" murmelte der Sohn des Bankiers und wandte sich ab. Seine Gesichtszüge waren blass, vielleicht vor Wut. „In diesem Umschlag waren nur Aktienzertifikate – und die können neu ausgestellt werden."

Die Feierlichkeiten wurden nicht abgebrochen. So viel konnte man kaum über den Gastgeber sagen, der die verbalen Auspeitschungen, die ihm vor seinen Freunden zugefügt worden waren, deutlich zu spüren bekam. Nach und nach verbreitete sich unter den Gästen die Nachricht vom Raubüberfall; Das allgemein anerkannte Urteil lautete, dass der Masquer aufgetaucht war, nur um dann verscheucht zu werden, bevor er sich irgendeine Beute sichern konnte.

Es war fast zwei Uhr morgens, als Jachin Fell, der gehen wollte, am Ende der breiten Treppe auf Henry Gramont traf. Er blieb stehen und drehte sich zu dem jüngeren Mann um.

„Ah – haben Sie bitte einen Bleistift?"

„Ich denke schon, Mr. Fell." Gramont tastete unter seinem Franziskanergewand und streckte einen Bleistift hervor.

Jachin Fell untersuchte es, holte ein Papier unter seinem Domino hervor und schrieb ein Wort auf. Auf dem Papier war die Abschiedsbotschaft des Mitternachtsmaskers geschrieben worden.

„Eine schwierige Spur, ein wirklich sehr schwieriger Punkt!" sagte Fell. Er steckte das Papier wieder ein und blickte Gramont fest an, während er ihm den Bleistift zurückgab. „Nur wenige Männer tragen einen so harten Bleistift, Sir."

„Da hast du völlig recht", und Gramont lächelte. „Ich habe mir das erst vorhin von Bob Maillard ausgeliehen. Seine Härte hat mich überrascht."

"Oh!" sagte Jachin Fell sanft. „Übrigens, sind Sie nicht der Prince de Gramont ? Als wir uns heute Abend trafen, wurden Sie als schlichter Mr. Gramont vorgestellt , aber es scheint mir, dass ich etwas gehört hatte –"

„Ein ziemlicher Fehler, Mr. Fell. Ich bin kein Prinz; einfach Henry Gramont und nichts weiter. Außerdem bin ich amerikanischer Staatsbürger. Einige dieser Leute aus New Orleans können das Prinzengeschäft leider nicht vergessen."

„Ah ja", stimmte Fell schüchtern zu. „Wissen Sie, eine höchst merkwürdige Sache –"

"Ja?" fragte Gramont , seine Augen waren auf den kleinen grauen Mann gerichtet.

„Das Papier, das Sie uns mitgebracht haben – das Papier, das Sie an der Bibliothekstür gefunden haben", sagte Fell entschuldigend. „Wissen Sie, Mr. Gramont , dass das Papier seltsamerweise keine Nadellöcher hatte?"

Gramont lächelte leicht, als ob ihn die Bemerkung innerlich amüsierte.

„Überhaupt nicht neugierig", sagte er mit ruhiger Stimme. „Es war ziemlich fest befestigt – ich habe den Teil mit der Nachricht abgerissen. Ich wette, dass Sie das Ende des Papiers unten noch an der Tür finden. Stellen Sie sicher, dass die abgerissene Kante mit der des Papiers übereinstimmt Ihre Tasche; wenn nicht, dann *wäre die Tatsache* merkwürdig! Ich bin sehr glücklich, Sie getroffen zu haben, Herr Fell. Ich vertraue darauf, dass wir uns oft wiedersehen werden.

Mit einem Lächeln streckte er seine Hand aus, die Herr Fell herzlich schüttelte.

Als Jachin Fell die breite Treppe hinunterstieg, war sein Gesicht rot –
ganz rot. Man hätte sagen können, dass er gerade bei einer Begegnung besiegt
worden war und dass das Gefühl der Niederlage noch immer in ihm wütete.

Als er den unteren Flur erreichte, warf er einen Blick auf die Tür der
Bibliothek. Dort, immer noch am Holz befestigt, wo es von den Passanten
unbeachtet geblieben war, befand sich ein kleiner Fetzen Papier. Mr. Fell
warf noch einmal einen Blick darauf, schüttelte dann den Kopf und wandte
sich langsam ab, als würde er einer Versuchung widerstehen.

„Nein“, murmelte er. „Nein. Es würde sicher in das Papier in meiner
Tasche passen. Es würde sicher passen, verwirr ihn!“

Wenig später verließ er das Haus und ging an der Reihe der Autos
entlang, die in der Einfahrt und auf der Straße draußen warteten. Vor einem
der Autos blieb er stehen und untersuchte es genau. Der schläfrige Chauffeur
stieg aus und berührte zum Militärgruß seine Mütze. er war ein kräftiger
junger Kerl, sein Gesicht war sehr eckig und stumpf.

„Ein sehr schönes Auto. Darf ich fragen, wem es gehört?“ fragte Fell
sanft.

„Mr. Gramonts , Sir“, antwortete der Chauffeur.

„Ah, danke. Ein wirklich sehr schönes Auto. Gute Nacht!“

Mr. Fell ging davon und schritt zügig die Allee entlang. Als er sich der
ersten Straßenlaterne näherte, blieb er stehen und begann, seinen Körper
sanft zu tätscheln, als suche er nach etwas.

„Ich habe dir gesagt, dass du dafür bezahlen würdest, zu viel über mich
zu wissen, junger Mann!“ sagte er leise. „Was ist das denn – was ist das?“

Während er weiterging, hatte ein leichtes Rascheln des Papiers seine
Aufmerksamkeit erregt. Er ließ seine Hände über den losen, offenen
Dominostein gleiten , der ihn verhüllte; Er entdeckte einen daran befestigten
Zettel hinten. Er löste das Papier, und unter der Straßenlaterne gelang es ihm,
die Schrift darauf zu entziffern.

Ein schwaches Lächeln schlich sich auf seine Lippen, als er die mit
Bleistift geschriebenen Worte las:

Ich liebe dich nicht, Jachin Fiel, den Grund dafür kann ich nicht sagen;
Aber eines weiß ich, und zwar ganz genau: Ich liebe dich nicht, Jachin Fell!

„ Der Kerl hat sicherlich Witz, wenn nicht Originalität“, murmelte Mr.
Fell, während er das Papier sorgfältig verstaute. Die Schrift darauf stammte
von der Hand des Mitternachtsmaskers.

KAPITEL IV

Anrufer

Das Haus, in dem Lucie Ledanois lebte, war das ihrer Mutter; die Möbel und andere Dinge darin gehörten ihrer Mutter; Die beiden Negerdiener, die nur das kreolisch-französische Patois sprachen, gehörten ihrer Mutter. Es war ein kleines Haus, aber innen sehr schön. Das Äußere verriet, dass es an Farbe oder an Geld fehlte, um einen Anstrich durchführen zu lassen.

die Familie Ledanois entfernte Verbindungen zu anderen wie den Maillards hatte, hatte sie mit dem Mädchen Lucie ihre letzte Frucht hervorgebracht. Ihre Mutter war gestorben, als sie noch ein Kleinkind war, und über die Jahre hinweg hatte sie ihren Vater begleitet, der in seinen letzten Tagen ein Invalide war. Er war nie ein Mann gewesen, der Geld und Kosten zählte, und auf der vergeblichen Suche nach Gesundheit hatte er sich selbst und das Familienvermögen weitgehend aufgebraucht.

Kriegsausbruch in Europa gewesen und nach Amerika zurückgekehrt, nur um kurz darauf zu sterben . Als das Mädchen seiner schönen Rücksichtslosigkeit beraubt war, befanden sich ihre Angelegenheiten in einem schlimmen Durcheinander. Unter Maillards Vormundschaft hatte sich der Streit einigermaßen gelöst und vereinfacht, aber auch Maillard schien Fehler gemacht zu haben, und in letzter Zeit hatte Lucie gegen ihren Willen den Verdacht, dass mit diesen Fehlern etwas nicht stimmte.

Jachin Fell ins Vertrauen zog . Maillard war ihr Vormund gewesen, aber zu Fell war sie immer mit ihren mädchenhaften Sorgen und Nöten gekommen, schon zu Lebzeiten ihres Vaters. Sie kannte Fell ihr ganzes Leben lang; sie hatte ihn an seltsamen Orten im In- und Ausland getroffen. Sie hegte den begründeten Verdacht, dass Jachin Fell ihre Mutter geliebt hatte, und diese eine Tatsache lag zwischen ihnen, wurde nie erwähnt, war aber immer da, wie ein Band des Glaubens und der Freundlichkeit.

Pünktlich um drei Uhr am Sonntagnachmittag klingelte Jachin Fell an der Tür und Lucie selbst ließ ihn ein. Sie führte ihn in den Salon , der mit seinen ruhigen Messingmöbeln und altem Palisanderholz gemütlich war.

„Erzähl es mir schnell, Onkel Jachin !" rief das Mädchen eifrig aus. „Hast du den Mitternachtsmasker letzte Nacht tatsächlich gesehen? Ich wusste erst hinterher, dass er wirklich unten gewesen war und ausgeraubt hatte –"

„Ich habe ihn gesehen, mein Lieber", und der kleine graue Mann lächelte. Sein Lächeln war gerade jetzt wärmer als sonst. Vielleicht war es ein

Spiegelbild der eifrigen Vitalität, die in Lucies Augen so glänzte. „Ich habe ihn gesehen, ja."

Sie hatte ein ruhiges Gesicht – auf den ersten Blick nicht schön; ein bisschen zu stark für Schönheit würde man sagen. Die tiefgrauen Augen standen ruhig und weit auseinander und waren in den meisten Fällen ziemlich unergründlich. Sie waren jetzt von einem schnellen Eifer erfüllt, als sie sich auf Jachin Fell ausruhten. Lucie nannte ihn Onkel, aber nicht so, wie sie Joseph Maillard Onkel nannte; Hier gab es keine Beziehung, keine formelle Beziehungsaffäre, sondern lediglich ein dauerhaftes Vertrauen und eine Freundschaft.

Jachin Fell hatte mehr für Lucie getan, als sie selbst wusste oder wissen würde; Ohne ihr Wissen hatte er sich in nennenswertem Umfang stillschweigend um ihre Finanzen gekümmert. Zwischen ihnen lag eine sehr reale Zuneigung. Lucie kannte besser als die meisten die außergewöhnlichen Fähigkeiten dieses kleinen grauen Mannes; Doch nicht einmal Lucie ahnte auch nur ein Zehntel des Charakters, der sich unter seiner Oberfläche verbarg. Für sie war er nie zurückhaltend oder geheimnisvoll. Dennoch berührte sie manchmal eine undurchdringliche Mauer, die in ihm immer präsent schien.

"Du hast ihn gesehen?" wiederholte das Mädchen schnell. „Wie war er? Weißt du, wer er ist?"

„ Sicherlich weiß ich es", antwortete Fell und lächelte sie immer noch an.

„Oh! Wer ist er dann?"

„Leise, leise, junge Dame! Ich kenne ihn, aber selbst Ihnen gegenüber wage ich nicht, seinen Namen auszusprechen, bis ich einen direkten Beweis dafür habe. Nennen wir ihn Mr Ich weiß."

Er griff in seine Westentasche. Lucie sprang auf und brachte einen Raucherständer aus der Ecke des Zimmers zu seinem Stuhl. Sie hielt ein Streichholz an seinen El Rey, rollte sich dann auf einem Napoleon-Bett zusammen und beobachtete ihn aufmerksam, während er sprach.

„Der Bandit ist am Abend weder in das Haus eingedrungen, noch hat er es verlassen, noch wurde er danach im Haus gefunden", sagte er tonlos. „So unglaublich es auch erscheinen mag, er war einer der Gäste. Dieser Mr Sein äußeres Kostüm trat als Mitternachtsmaske auf, führte sein Ziel aus, zog dann ruhig sein äußeres Kostüm wieder an und nahm seinen Platz unter den Gästen wieder ein. Verstehen Sie?

„Na dann! Maillard erhielt gestern eine Nachricht vom Masquer, in der er unverschämt erklärte, er beabsichtige, im Laufe des Abends anzurufen.

Ich habe diese Nachricht. Sie war mit einem extrem harten Bleistift geschrieben, wie ihn nur wenige Männer tragen, denn das ist nicht der Fall macht leicht gut lesbare Schrift. Gestern Abend habe ich Mr.

„Was! Sicher meinst du nicht –"

„ Natürlich nicht. Herr X. ist sehr schlau, das ist alles. Hier ist, was letzte Nacht passiert ist. Herr Tatsächlich hatte er es auf ein aus seinem Notizbuch gerissenes Blatt geschrieben . Ich nahm ihm die Notiz ab, wobei ich damals bemerkte, dass das Papier keine Nadellöcher hatte. Wahrscheinlich sah Herr X., dass etwas nicht stimmte ; er ging sofort wieder nach unten, nahm den Rest des zerrissenen Blattes aus seinem Notizbuch und heftete es an die Tür. Wenig später traf ich ihn und erwähnte das Fehlen von Nadellöchern; er verwies mich ruhig auf das Stück an der Tür , und sagte, er habe lediglich den Zettel abgerissen, ohne die Nadeln zu entfernen. Du folgst mir?"

„Natürlich", murmelte das Mädchen mit großen Augen vor fasziniertem Interesse. „Und er wusste, dass du ihn für den Masker gehalten hast?"

„Er hat mich verdächtigt, glaube ich", sagte Fell milde. „Es versteht sich, dass Sie diesen kleinen Hinweisen nicht nachgehen werden? Ich möchte seine Identität nicht preisgeben, nicht einmal Ihrem sehr diskreten Gehirn – "

„Sei nicht albern, Onkel Jachin !" unterbrach sie. „Du weißt, dass ich nichts dergleichen tun werde. Mach bitte weiter! Hast du das Flugzeug gefunden?"

"Ja." Jachin Fell lächelte trocken. „Darüber habe ich nachgedacht, als ich das Haus verließ und zu der Schlange wartender Autos kam. Ein Gespräch mit einem der externen Ermittler zeigte mir , dass eines der Autos auf der Straße gegen Mitternacht seinen Motor getestet hatte Auto gehörte Herrn X.

„Wie einfach, Lucie, und wie sehr klug! Der Chauffeur betätigte ungefähr zu der Zeit, als Herr X. im Haus auftauchte, einen leistungsstarken Motor mit Schalldämpfer Erschrocken würden die Leute glauben, dass es so sei. So entstand die Legende, dass der Mitternachtsmasker mit dem Flugzeug kam und wieder abreiste – eine Theorie, die durch sein Kostüm genial unterstützt wurde. Nun, das ist alles, was ich weiß oder vermute, meine liebe Lucie! Und jetzt – —"

nachdenklich , „Sie werden Ihren schrecklichen Kreolen auf die Spur von Mr Wundern Sie sich nicht, dass er früher ein Krimineller war. Selbst wenn Sie ihn aus einem Leben voller Krimineller gerettet haben, haben Sie sein Aussehen nicht verbessert.

„Genau – Ben ist bei der Arbeit", stimmte Jachin Fell zu. „Der verdächtige Herr ist sehr prominent. Ihn ohne Beweise anzuklagen wäre völlige Torheit. Ihn zu fangen." *in flagrante delicto* wird schwierig sein. Ich habe es also nicht eilig. Er wird nicht verschwinden, glauben Sie mir, und es kann jeden Moment etwas auftauchen, das ihn vernichtet. Außerdem kann ich noch kein Motiv für seine Verbrechen entdecken, da es ihm finanziell recht gut geht.

„Glücksspiel", schlug das Mädchen vor.

„Ich kann nicht feststellen, dass er nennenswerte Summen verloren hat. Nun ja, egal! Jetzt, wo ich mich völlig entblößt habe , meine Liebe, bist du an der Reihe."

„In Ordnung, Onkel Jachin ." Lucie nahm ein großes Saffan- Etui vom Stuhl neben sich und reichte es. „Du hast mir gestern Abend diese Sachen zum Anziehen geliehen, und ich –"

„Nein, nein", intervenierte Fell. „Ich habe sie dir gegeben, mein Lieber – tatsächlich habe ich sie vor zwei Jahren für dich gekauft und sie bis jetzt behalten! Du hast sie getragen; sie gehören dir, und du wirst sie besser, als es selbst die arme Königin Hortense getan hat! Also sagen Sie nichts mehr. Ich vertraue darauf, dass Frau Maillard gerecht und neidisch war?"

„Sie war unangenehm", sagte Lucie. Sie beugte sich vor und drückte dem kleinen grauen Mann einen Kuss auf die Wange. „Da! Das ist alles, was ich dir danken kann, lieber Onkel ; das Geschenk macht mich sehr glücklich, und ich werde nichts anderes behaupten. Nur habe ich das Gefühl, als hätte ich kein Recht, sie zu tragen – sie sind so wunderbar." !"

„Unsinn! Du kannst tun und lassen, was du willst, wie Eliza sagte, als sie das Eis überquerte. Aber das alles ist nicht der Grund, warum du mich hierher gerufen hast, du geheimnisvoller Haufen! Was hat dich letzte Nacht gestört, oder besser gesagt, wer?"

Lucie lachte. „Es gab einen Franziskaner, der versuchte, sehr geheimnisvoll zu sein und meine Gedanken zu lesen. Er sprach über Öl, über einen gierigen, harten Mann und erwähnte dich als meinen Freund. Dann warnte er mich vor einem Vorschlag, den Bob machen könnte; und Tatsächlich schlug Bob vor, das mir verbleibende Land auf Bayou Terrebonne zu kaufen, und sagte, er würde seine Ölgesellschaft davon überzeugen, dass dort Öl vorhanden sei, und dass sie es kaufen oder pachten würden. Ich sagte nein. Der Franziskaner Es stellte sich später heraus, dass

es sich um Henry Gramont handelte . Ich fragte mich, ob Sie erwähnt hatten
…"

"Gott bewahre !" rief Herr Fell fromm aus. „Ich habe Gramont bis
letzte Nacht noch nie getroffen ! Magst du ihn?"

"Sehr viel." Der Blick des Mädchens begegnete ihm offenherzig. "Tust
du?"

„Sehr", sagte Jachin Fell.

Lucies graue Augen verengten sich und suchten sein Gesicht ab. „Ich
kann fast erkennen, wann du lügst", bemerkte sie ruhig. „ Das hast du etwas
zu voreilig gesagt, Onkel Jachin . Warum magst du ihn nicht?"

Fell lachte amüsiert. „Vielleicht habe ich Vorurteile gegenüber
ausländischen Adligen, Lucie. Unsere eigene Aristokratie ist schon schlimm
genug, aber –"

„Er hat das alles verworfen. Er war nie Franzose, außer dem Namen
nach."

„Du sprichst, als würdest du ihn schon seit einiger Zeit kennen. Hattest
du Geheimnisse vor mir?"

"Ich habe!" Lachen bildete Grübchen im Gesicht des Mädchens.
„Jahrelang! Als ich vor dem Krieg mit Vater in New York war, trafen wir ihn;
er war mit College-Freunden zu Besuch in Newport. Dann wissen Sie, dass
Vater und ich in Frankreich waren, als der Krieg ausbrach – Vater war damals
krank und fast hilflos, wissen Sie. Gramont kam nach Paris, um bei seinem
Regiment zu dienen, und traf uns dort. Er half uns bei der Flucht, besorgte
uns echtes Geld und besorgte uns die Überfahrt nach New York. Er weiß
viel darüber unsere Freunde, und ich war ihm damals immer zutiefst dankbar
für seine Hilfe.

„Wir haben während des Krieges ziemlich oft korrespondiert", fuhr sie
fort. „Ich habe ihn mehrmals erwähnt, nachdem wir aus Frankreich
zurückkamen, aber wahrscheinlich ist dir der Name nicht aufgefallen. Erst
seit er nach New Orleans kam, habe ich wirklich irgendwelche Geheimnisse
vor dir bewahrt; dieses Mal wollte ich herausfinden, ob es dir gefällt." ihn."

Jachin Fell nickte langsam. Sein Gesicht war völlig ausdruckslos.

„Ja, ja", sagte er. „Ja – natürlich. Er ist Geologe oder Ingenieur, glaube
ich?"

„Beides, und zwar ein gutes. Er ist Aktionär von Bob Maillards
Ölgesellschaft, und ich glaube, er ist hierher gekommen, um zu bleiben. Na
ja, über letzte Nacht – er hat wahrscheinlich einige meiner privaten

Angelegenheiten erraten; ich habe ziemlich offen geschrieben oder gesprochen , vielleicht. Vielleicht hat Bob auch mit ihm geplaudert. Bob trinkt immer noch – das Verbot hat *ihn nicht* sehr hart getroffen!"

„Nein", stimmte Fell ernst zu. „Leider nein. Lucie, ich habe eine äußerst wichtige Tatsache herausgefunden. Joseph Maillard besaß keine Anteile an der Bayou Oil Company, als ihm Ihr Land verkauft wurde, und er hatte überhaupt kein Interesse an den Immobilien Konzern, der Ihre St. Landry- Sumpfgebiete gekauft und damit ein Vermögen gemacht hat. Wir haben ihm wirklich zu Unrecht die Schuld gegeben."

Für einen Moment herrschte Stille zwischen ihnen.

„Wir brauchen kein Blatt vor den Mund zu nehmen", fuhr Fell langsam fort. „Maillard hat keine Skrupel und kein Mitleid; trotzdem bin ich zu der Überzeugung gezwungen, dass er Ihr Interesse aufrichtig aufrechterhalten hat und dass seine Fehler nur Irrtümer waren. Ich glaube nicht, dass er im Geringsten von Ihnen profitiert hat. Zweitens kleine Vermögen wurden Ihnen entzogen, als er diese Ländereien verkaufte; dennoch waren sie wertlos gewesen, und er hatte gute Angebote dafür. Seine Investitionen in die betreffenden Unternehmen wurden erst später getätigt, und ich bin sicher, dass er die Ländereien unschuldig verkaufte."

Lucie holte tief Luft.

„Ich bin froh, dass Sie das gesagt haben", erwiderte sie schlicht. „Es fiel mir schwer zu glauben, dass Onkel Joseph mich ausgenutzt hatte; ich konnte es einfach nicht glauben. Ich glaube, dass er mich ehrlich mag, soweit er sich erlaubt, jemanden zu mögen ."

„Er würde dir kein Geld dafür leihen", sagte Fell. „Freundschaft ist für ihn keine greifbare Sicherheit . Und ein Mädchen ist nie sicher, wie Eliza sagte, als sie das Eis überquerte."

wer hat wirklich von meinem Verlust profitiert ?

Fells blassgraue Augen funkelten und leuchteten dann in ihrer sonst großen Unschuld auf.

„Meine liebe Lucie, gibt es einen Menschen auf dieser Welt, für dessen Fehler Joseph Maillard absichtlich blind ist – einen Menschen, für dessen Einfluss er immer offen ist – einen Menschen, dem er nichts verweigern würde, dem er alles verzeihen würde, dem er …" würde niemals irgendeinen bösen Bericht glauben?"

„Du meinst –" Lucie holte schnell Luft, „Bob?"

„Ja, ich meine Bob. Dass er von deinem Verlust profitiert hat, kann ich noch nicht sagen; aber ich vermute es. Er hat die Gier seines Vaters, ohne dass ihn das Ehrgefühl seines Vaters zurückhält . Als ich damit fertig bin Masquer, ich werde seine Spur aufnehmen.

Jachin Fell erhob sich. „Jetzt muss ich los, mein Lieber. Übrigens, wenn ich dich brauche, um durch die Masquer zu rennen, kann ich dann deine Dienste in Anspruch nehmen?"

„Sicherlich! Ich würde gerne helfen, Onkel Jachin ! Wir wären echte Detektive?"

"Fast." Jachin Fell lächelte leicht. „Wirst du morgen Abend bei uns essen, Lucie? Meine Mutter hat mir befohlen, dich so schnell wie möglich zu bringen –"

„Oh, deine Mutter!" rief das Mädchen zerknirscht aus. „Ich war so in die Maske vertieft, dass ich vergessen habe, nach ihr zu fragen. Wie geht es ihr?"

„Ganz wie immer, danke. Ich gehe davon aus, dass Sie mit den Maillards zum Comus gehen werden ?"

„Ja. Ich komme morgen Abend gerne, Onkel Jachin ."

„Und wenn Sie möchten, schauen wir uns den Proteus-Ball anschließend noch einmal an. Ich schicke Ben Chacherre mit dem Auto zu Ihnen, wenn Sie keine Angst vor ihm haben."

Lucie blickte ernst in Fells lächelnde Augen.

„Ich habe nicht gerade Angst vor ihm", antwortete sie nüchtern, „aber es gibt etwas an ihm, das mir nicht gefallen kann. Es tut mir leid, dass Sie versuchen, ihn in gewisser Weise zu regenerieren."

Fell zuckte leicht mit den Schultern. „Alles Leben ist eine Anstrengung, Kleiner! Nun, auf Wiedersehen."

Jachin Fell verließ das Haus um Viertel nach drei. Zwanzig Minuten später klingelte es erneut. Lucie schickte einen der Diener, um Henry Gramont einzulassen ; Sie ließ ihn volle fünfzehn Minuten warten, bevor sie erschien, und entschuldigte sich dann überhaupt nicht für die Verzögerung.

Nicht, dass es Gramont etwas ausgemacht hätte, zu warten; er hielt es für ein Privileg, in diesem Haus zu verweilen! Er liebte es, den Ort zu studieren, so ein Spiegelbild seines Besitzers. Er liebte den weißen Kaminsims im Kolonialstil , der den ständig brennenden Kamin umgab, mit seinem schimmernden Glanz aus altem Messing, und den glitzernden Kamin an der Seite. Die Luft des Ortes selbst, die Atmosphäre, die er atmete, war süß für ihn.

Das Napoleon-Bett, das das Erkerfenster füllte, mit seinen Kissen und weichen Decken; der Schrank aus Walnussholz mit Intarsien von Sheraton und seinen wundervoll geschwungenen Gläsern, die die Kuriositäten vergangener Zeiten darin widerspiegelten; die Kipptische, die Stühle aus Palisanderholz, die Teppiche, die gekauft wurden, bevor der Markt für Orientteppiche mit maschinell hergestellten Senna-Knoten überschwemmt wurde – alles hier hatte einen Hauch von Behaglichkeit, von langem Gebrauch, von Ruhe. Es war nicht die Art von Ort, der Stück für Stück von den farbenfrohen Händen der Dekorateure aufgebaut wurde. Es war die Art von Ort, den Dekorateure unbedingt nachahmen wollten, es aber nicht schaffen.

Als Lucie erschien, beugte sich Gramont über ihre Hand und sprach sie auf Französisch an.

„Du bist charmant wie immer, Strahlende! Und in den kommenden Jahren wirst du noch charmanter sein. Das ist das Schöne daran, einen Namen zu haben, der direkt aus den Klassikern übernommen und als Geschenk einer guten Fee verliehen wird –"

„Danke, Monsieur – aber Sie haben meinen Namen mindestens zwanzig Mal übersetzt, und ich bin es leid, ihn zu hören", antwortete Lucie lachend.

„Es ist ein schlechter Geschmack, Mademoiselle, dieser Schönheit überdrüssig zu werden!"

„Nicht wegen des Namens, sondern wegen Ihrer Exegese darüber. Warum sollte ich nicht unzufrieden sein? Gestern Abend waren Sie ausgesprochen unhöflich, und jetzt verunglimpfen Sie meinen Geschmack! Haben Sie alle Ihre Manieren in Frankreich gelassen, M. le Prince?"

„Einige von ihnen, ja – und der ganze Prinzenkram dabei." Während er lächelnd ins Englische überging, blickte Gramont im Raum umher, und seine Augen wurden weicher.

„Das ist ein schönes und liebenswertes Zuhause von dir, Lucie!" rief er ernst. „So wenige Häuser verdienen diesen Namen; so wenige haben in ihnen die intime Atmosphäre von Zweckmäßigkeit und Freundlichkeit – warum werden so viele aus Schnäppchenpreisen eingerichtet? Dieser Ort ist voller Ruhe und Freundlichkeit; hierher zu kommen und zu sitzen ist ein Privileg. Es ist wie in einer anderen Welt, nach all dem Geldstreben und dem Dollar-Wahnsinn der Stadt."

"Oh!" Der Blick des Mädchens suchte ihn neugierig. „Ich hoffe, Sie werden nicht die schöne künstlerische Pose einnehmen, dass es ein Verbrechen sei, Geld zu verdienen?"

Gramont lachte.

„Nicht viel! Ich möchte selbst Geld verdienen; das ist einer der Gründe, warum ich in New Orleans bin. Dennoch kann man nicht leugnen, dass es einen Wahnsinn gibt, der ewig nach Dollars greift. Ich kann den Dollar nicht zum großen Ding machen." Leben, Lucie. Das konntest du auch nicht.

Sie runzelte ein wenig die Stirn.

„Sie scheinen die europäische Vorstellung zu haben, dass alle Amerikaner Dollarjäger sind!"

Er zuckte leicht mit den Schultern. Sein von harten Falten durchzogenes Gesicht war sehr stark; man spürte, dass seine Härte von außen kam – vom Hunger, von Not und Entbehrungen, von stark ertragenem Leid. Er hatte den Krieg nicht unbeschadet überstanden, dieser junge Mann, der ein fürstliches „de" abgelegt hatte, um ein einfacher Henry Gramont , amerikanischer Staatsbürger, zu werden.

„In gewissem Sinne ja; warum nicht?" er antwortete. „Ich bin Amerikaner. Ich bin ein Dollarjäger und schäme mich nicht dafür. Ich werde hier Geschäfte machen. Sobald es ein Erfolg ist, werde ich weitermachen; ich werde Amerika sehen, ich werde dieses ganze Land kennenlernen." Meins, alles! Ich bin seit einem Monat in New Orleans – wissen Sie, nur wenige Tage nach meiner Ankunft hier ist mir etwas Seltsames passiert!"

Mit ihren Augen drängte sie ihn weiter, und er fuhr ernst fort:

„In Frankreich traf ich einen Mann, einen amerikanischen Sergeant namens Hammond. Es war kurz vor dem Ende der Ereignisse. Wir hatten nebeneinanderliegende Feldbetten in Nizza –"

"Ah!" rief sie schnell aus. „Ich erinnere mich, dass Sie über ihn geschrieben haben – den Mann, der an beiden Beinen verletzt worden war! Ist er gesund geworden? Das haben Sie nie gesagt."

„Ich wusste es nie, bis ich hierher kam", antwortete Gramont . „Eines Nachts, nicht lange nachdem ich mich in meiner Pension in der Burgundy Street niedergelassen hatte, versuchte ein Mann, mich auszurauben. Es war derselbe Mann, Hammond; wir erkannten uns fast sofort.

„Ich nahm ihn mit nach Hause und erfuhr seine Geschichte. Er war nach Amerika zurückgekehrt und musste feststellen, dass seine Frau an der Grippe gestorben war, sein Zuhause zerstört und seine Zukunft zerstört. Er zog nach New Orleans, ohne Rücksicht darauf, was mit ihm geschah. Er stürzte sich verzweifelt in eine Karriere voller Einbrüche und Plünderungen. Nun, ich habe Hammond einen Job gegeben; er ist mein Chauffeur. Sie würden ihn jetzt nie wieder als denselben Mann wiedererkennen! Ich bin sehr stolz auf seine Freundschaft."

„Das war gut gesagt." Lucie nickte schnell. „Ich werde Sie nicht mehr M. Le Prince nennen – es sei denn, Sie beleidigen Sie erneut."

Er lächelte, als er ihren Gedanken las. „Ich versuche, kein Snob zu sein, nicht wahr? Nun, was ich meine, ist folgendes: Ich möchte mein Land kennenlernen, es mit klaren, vorurteilsfreien Augen sehen. Wir verbergen unsere wahren Schamgefühle und preisen unsere falschen." . Warum sollten wir uns schämen, dem Dollar hinterherzujagen? Solange das ein Mittel zum Zweck des Glücks ist, ist das in Ordnung. Aber es gibt Männer, die darin nur ein Ziel sehen und ihrer Arbeit kein *Ende setzen können, außer* Der Dollar fällt in ihren Beutel. Ein solcher Mann ist Ihr Verwandter, Joseph Maillard – ich sage es ohne Beleidigung."

Lucie nickte, als ihr klar wurde, dass es ihm um etwas Tieferes ging , und schwieg.

„Du bist dir der Tatsache bewusst, oder?" Gramont lächelte schwach. „Ich möchte Sie nicht beleidigen und werde daher davon absehen, alles zu sagen, was mir in den Sinn kommt. Aber Sie haben nicht gezögert, ganz offen zu sagen, dass Sie nicht reich sind. Wenn Sie sich erinnern, haben Sie mir vor einiger Zeit geschrieben, wie das ging Ihnen ist durch den Verkauf von Grundstücken gerade Reichtum entgangen. Ich habe mir die Freiheit genommen, den Deal bis zu einem gewissen Grad nachzuschlagen, und ich habe vermutet, dass Ihr Onkel ein gewisses Interesse daran hatte, den Verkauf zustande zu bringen …"

Die grauen Augen des Mädchens blitzten plötzlich auf.

„Henry Gramont ! Sollen meine Familienangelegenheiten ein offenes Buch für die Welt sein?" Eine leichte Röte, vielleicht aus Wut, vielleicht aus einer anderen Emotion, stieg in die Wangen des Mädchens. „Ist Ihnen klar, dass Sie sich auf höchst ungerechtfertigte Weise in meine Privatangelegenheiten einmischen?"

„Ungerechtfertigt?" Gramonts Augen hielten ihren Blick fest. „Wollen Sie dieses Wort wirklich verwenden?"

„Das tue ich ganz bestimmt!" antwortete Lucie mit Elan. „Ich glaube nicht, dass dir klar ist, worauf die ganze Sache hinausläuft …"

„Oh ja, das tue ich! Ganz klar." Gramonts kühler, ruhiger Ton überwand ihre Empörung. „Ich sehe, dass du Waise bist und dass dein Onkel dein Vormund war und fragwürdige Geschäfte gemacht hat, die dir Geld verloren haben. Komm, das ist schonungslos offen – aber es ist wahr! Wir sind langjährige Freunde; vielleicht keine intimen Freunde, und Dennoch denke ich, dass ich sehr gute Freunde bin. Ich schäme mich sicherlich nicht zu sagen, dass ich sehr froh über die Chance war, als ich die Gelegenheit hatte, mich um Ihre Interessen zu kümmern ."

Gramont hielt inne, aber sie sagte nichts. Er fuhr nach einem Moment fort:

„Sie hatten mir vielleicht ohne Absicht etwas über die Situation erzählt. Ich kam hierher nach New Orleans und wurde in einige Geschäfte mit Ihrem Cousin Bob Maillard verwickelt. Ich glaubte, und ich glaube es jetzt, in Ihrem Herzen Sie haben einen gewissen Verdacht gegenüber Ihrem Onkel in Bezug auf diese Landtransaktionen. Deshalb habe ich mir die Mühe gemacht, die Sache ein wenig zu untersuchen. Soll ich Ihnen sagen, was ich herausgefunden habe?"

Lucie Ledanois blickte ihn mit zusammengepressten Lippen an. Ihr gefiel seine neue Art, dieser feste und entschlossene Ernst, diese Härte. Es brachte seinen grundlegenden Charakter sehr gut zur Geltung.

„Bitte, Henry", murmelte sie sehr sanftmütig. „Da du dich in meine Privatangelegenheiten verstrickt hast, denke ich, dass ich zumindest so viel Nutzen wie möglich daraus ziehen sollte!"

„Genau. Warum nicht?" Er machte eine ernste Geste der Zustimmung. „Nun, ich habe herausgefunden, dass Ihr Onkel in dieser Angelegenheit ehrlich gesagt die Schuld zu tragen scheint –"

„Danke für diese Zustimmung meiner Familie", murmelte sie.

„Und", fuhr Gramont unbeirrt fort, „dass Ihr Verdacht ihm gegenüber unbegründet war. Aber andererseits ist etwas Neues aufgetaucht, worüber ich sprechen möchte – worüber ich aber vorsichtig sprechen muss."

„Seien Sie offenherzig, mein lieber Henry – sogar brutal! Sprechen Sie auf jeden Fall."

„Sehr gut. Hat Bob Maillard angeboten, Ihr verbleibendes Land am Bayou Terrebonne zu kaufen?"

Sie zuckte leicht zusammen. Darauf hatte er also die ganze Zeit hingezielt!

„Er hat das Thema gestern Abend angesprochen", antwortete sie. „Ich habe es vorerst abgetan."

"Gut!" rief er mit jungenhafter Energie aus . „Gut! Dann habe ich Sie rechtzeitig gewarnt! Wenn Sie mir gestatten, muss ich Ihnen raten, sich nicht von diesem Land zu trennen – nicht einmal für ein gutes Angebot. Diese

Woche, sobald der Karneval vorbei ist, werde ich es inspizieren Land für die Firma; es ist die Firma von Bob Maillard, wissen Sie.

„Wenn es eine Chance gibt, dort Öl zu finden, werde ich zuerst Sie sehen und dann das Unternehmen informieren. Sie können auf Ihren gerechten Anteil an den Mineralrechten bestehen, anstatt das Ganze zu verkaufen. Sie werden es bekommen! Landbesitzer hier in der Gegend." sind noch nicht mit dem Ölspiel vertraut, aber sie werden es bald lernen.

„Sie würden Ihre Geschäftspartner verraten, um mir zu helfen?" fragte sie, neugierig auf seine Antwort. Eine langsame Röte schlich sich in seine Wangen.

„Sicherlich nicht! Aber ich würde dich nicht verraten, um meinen Geschäftsfreunden zu helfen. Ist mein ungerechtfertigtes Eindringen vergeben?"

Sie nickte strahlend. „Sie sind auf Bewährung, Sir. Sind Sie in Bobs Gesellschaft?"

"Ja." Gramont runzelte die Stirn. „Vielleicht habe ich zu voreilig investiert – aber egal. Ich habe das Auto draußen stehen lassen, Lucie. Darf ich das Vergnügen haben, dich mitzunehmen?"

„Haben Sie diesen Chauffeur mitgebracht?"

„Ja", und er lachte über ihren Eifer.

„Gut! Ich akzeptiere – denn ich muss diesen berühmten Soldaten-Banditen-Chauffeur sehen. Wenn Sie warten, bin ich in einer Minute fertig."

Sie eilte aus dem Zimmer, ein Liedfetzen auf den Lippen. Gramont lächelte, während er wartete.

KAPITEL V

Die Maske entlarvt

IN NEW ORLEANS kann man Pensionen im alten Viertel finden – dem Viertel, das noch immer den Puls des Lebens der alten Welt spürt. Für diese Renten gibt es keine Werbung. Der durchschnittliche Tourist weiß nichts davon. Selbst wenn er es wüsste, könnte es tatsächlich schwierig sein, eine Unterkunft zu finden, denn es reicht bei weitem nicht aus, um das Geld zu haben; Man muss auch die Einführungen haben, gut empfohlen werden und einen guten Ruf haben.

Gramont hatte eine kleine Wohnung *als Pension erhalten – ein ruhiges und streng zurückgezogenes Haus in der Burgundy Street, das von einer sehr stolzen alten Dame geführt wurde, deren Vorfahren mit dem Sieur* d'Iberville aus Kanada gekommen waren . Hier lebte Gramont mit Hammond völlig gleichberechtigt und sie fühlten sich sehr wohl.

Die beiden Männer saßen und rauchten ihre Pfeifen vor dem Kamin, in dem ein kleines Feuer brannte – mehr aus Freude als aus Notwendigkeit. Es war Sonntagabend. Zwischen Gramont und Hammond war eine Diskussion über ihre Beziehungen entstanden – eine Diskussion, die vielleicht durch Gramonts weltfremde Festlegung des Gesetzes gerechtfertigt war.

„Es ist alles schön und gut, Hammond", sinnierte er, „den Bräuchen und Präzedenzfällen zu folgen und der Welt eine Fassade zu präsentieren, die ihre Anstandsmäßigkeiten, ihren Sinn für Tradition und Eignung nicht schockiert. In den Augen der Welt bist du mein Chauffeur. Aber wenn wir alleine zusammen sind – Unsinn!"

„Das ist in Ordnung, Kapitän ", sagte Hammond klug. Für ihn war Gramont immer „ Cap'n " und nichts anderes. „Aber du weißt, so wie ich es tue, kann es nicht ewig so weitergehen. Ich arbeite für dich, und das ist schon die Größe. Ich habe nicht die Ausbildung, um mit dir mithalten zu können. Ich will nicht." Du sollst auf die Idee kommen, dass ich vorhabe, dich auszunutzen –"

„Bosh! Ich nehme an, eines Tages werde ich wohlhabend, verheiratet und in den Ketten gesellschaftlicher Bräuche und Bräuche gefangen sein", sagte Gramont energisch. „Aber dieser Tag ist noch nicht da. Wenn Sie denken, ich akzeptiere Ehrerbietung und Unterwürfigkeit von jedem Mann, der den gleichen Hunger, die gleiche Kälte und die gleichen Wunden ertragen hat wie ich in Frankreich – dann raten Sie noch einmal! Wir sind Freunde in einer Demokratie." der Amerikaner. Du bist ein genauso guter Mann wie ich und umgekehrt. Sind wir übrigens nicht auch Mitverbrecher?"

Hammond grinste darüber. In seinen breiten und kräftigen Gesichtszügen, die von einem rötlichen Haarkranz gekrönt waren, mangelte es nicht an kluger Intelligenz.

„Diese ganze Bullenzeile hört sich gut an, Kapitän , nur ist sie weit weg", erwiderte er. „Das Problem mit dir ist, dass du den Krieg noch nicht vergessen hast ."

„Das werde ich nie", sagte Gramont und sein Gesicht verfinsterte sich.

„ Klar wirst du das! Das werden wir alle. Und du bist auch nicht so an dieses Land gewöhnt wie ich. Ich habe zu viel davon gesehen. Du hast nicht genug gesehen."

„Ich habe genug gesehen, um zu wissen, dass es mein Land ist."

„Richtig. Aber ich bin bei Weitem kein so guter Mann wie du!" sagte Hammond fröhlich. „Das hast du in der Nacht bewiesen, als du mich dabei erwischt hast, wie ich durch das Fenster des Lavergne-Hauses kam. Du hast mich geleckt, ohne es auch nur zu versuchen , Käpt'n !"

„Wie auch immer", fuhr Hammond fort, „Amerika ist keine Demokratie, es sei denn, Sie kandidieren für den Kongress. Für die Bauern hört sich das gut an, aber warten Sie, bis Sie lange genug hier sind, um von Ihren schönen Vorstellungen loszukommen! Limousinen." Und Geld hat für die Demokratie keinen großen Nutzen. Die Männer, die wie Sie ein Gehirn haben, werden meiner Meinung nach immer Befehle erteilen.

„Bosh!" sagte Gramont noch einmal. „Es geht nicht darum, ein Gehirn zu haben. Es geht darum, zu wissen, was man damit machen soll. Alle Menschen werden frei und gleich geboren –"

"Nicht viel!" erwiderte der andere mit Überzeugung. „Alle Menschen wurden frei geboren, aber nur sehr wenige wurden gleich geboren, Kapitän . So ein Gerede hört sich in den Zeitungen gut an, aber bei dem Kerl ganz unten und auch ganz oben kommt es nicht sehr weit!" "

Gramont starrte in das flackernde Feuer und sog an seiner Pfeife. Er erkannte, dass Hammond in gewisser Weise mit seiner Argumentation völlig recht hatte; Dennoch betrachtete er den anderen Mann als Kameraden und würde dies auch immer tun. Es stimmte, dass er den Krieg nicht vergessen hatte. Plötzlich stand er auf und warf Hammond einen Blick zu.

„Sergeant! Sie scheinen sich ziemlich gut an jene Nacht im Lavergne-Haus zu erinnern, als ich Sie beim Eintreten erwischte und auf Sie sprang."

„Darauf kannst du wetten!" Hammond kicherte. „Als du mir die Brille abgenommen hast und wir uns erkannt haben – verdammt! Ich fühlte mich wie ein Idiot."

Gramont lächelte. „Wie viele Orte haben Sie bis dahin ausgeraubt? Drei, nicht wahr?“

„Drei ist richtig, Kapitän “, war die unverschämte Antwort.

„Wir haben nicht oft darauf hingewiesen, aber jetzt ist etwas passiert.“ Gramonts Gesicht zeichnete sich durch harte Entschlossenheit aus. „Wissen Sie, es war ein Glück, dass Sie keine Chance hatten, über die Juwelen und das Geld zu verfügen, die Sie erhalten haben? Aber ich nehme an, Sie haben es damals nicht als Glück bezeichnet.“

"Keine Chance?" schnaubte der andere. „Keine Chance ist richtig, Käpt'n ! Und ich war auch wund. Sagen wir mal, sie haben einen Ring von Gaunern um diese Stadt herum, in die du nicht mit Granaten eindringen könntest! Ich konnte es eine Weile nicht herausfinden, aber nur Neulich bekam ich die Antwort. Hören Sie hier zu und ich werde Ihnen etwas Großes erzählen.

Hammond beugte sich vor, senkte die Stimme und spielte an seiner Pfeife.

„Als ich ein junger Kerl war, habe ich in einer kleinen Stadt im Norden gelebt – das bin ich nicht Sag mal wo. Mein alter Herr hatte dort einen Pferdestall, verstehen Sie? Nun, eines Nachts kam ein Typ vorbei, holte den alten Mann aus dem Bett und steckte ihm fünfzehnhundert Dollar für eine Maschine und ein Team zu, verstehen Sie? Ich fuhr den Kerl zehn Meilen durch die Hügel und setzte ihn auf eine Straße, die er finden wollte.

„Nun, dieser Typ war seinerzeit der größte Gauner im Land – und ist es immer noch, schätze ich. Er war in dieser Nacht auf der Flucht, um Leavenworth fernzuhalten. Er hat sich in Ordnung gehalten, und er macht sich auf den Weg . bis zu dieser Minute im Spiel. Niemand hat ihn bisher gekniffen und wird es auch nie tun.

Gramonts Gesicht war seltsam angespannt, während er zuhörte. Jetzt schoss er ein einziges Wort heraus:

"Warum?"

„Denn seine Bande besteht aus Politikern und reichen Kerlen im ganzen Land. Fragen Sie irgendjemanden von innen, ob er jemals von Memphis Izzy Gumberts gehört hat ! Nun ja, Kapitän , ich habe neulich genau diesen identischen Kerl auf der Straße gesehen …“ Ich könnte seinen hässlichen Becher nie vergessen! Und wo *er* ist, können keine Gauner von außen hineinkommen, das können Sie mir glauben!“

„Hm! Memphis Izzy Gumberts , was? Was ist das denn für ein Gauner, Sergeant?“

„Die große Sorte. Erinnern Sie sich an die Lotterien in Chicago? Aber natürlich nicht. Nun ja, das ist sein Spiel – Lotterien und so etwas."

Gramonts Lippen verkrampften sich für einen Moment, dann sprach er mit langsamer Deutlichkeit:

„Sergeant, ich hätte vor einer Woche fünfhundert Dollar für diese Informationen gegeben!"

"Warum?" Hammond starrte ihn plötzlich an. Gramont schüttelte den Kopf.

„Macht nichts. Vergiss es! Nun, dieser Trick von dir war clever. Du hast Köpfchen bewiesen, als du dich zum Flieger hochgestuft hast und das Zeug gezogen hast, Sergeant. Aber du bist brutal damit umgegangen – furchtbar brutal."

„Es war ein bisschen rau, schätze ich", räumte Hammond ein. „Ich war dagegen, das ist alles – ich dachte, sie würden mich früher oder später kneifen, aber das war mir egal, und das ist die Wahrheit! Ich war auf die Münze aus."

„Als du das Kostüm übernommen hast und anfingst, mit dem Raffles-Zeug rüberzukommen – nun, es war eine Pfeife für dich, Käpt'n ! Schau, was wir in einem Monat geschafft haben. Sechs Jobs, von denen jeder glatt wie Glas lief." ! Deine Vorstellung, fertig gekleidet mit einer Art weitem Gewand über den fliegenden Klamotten auf Partys zu gehen , war ein Schrei! Und dann, wie ich den Motor mit eingeschalteter Abschaltung laufen ließ – all diese Vögel , die noch nie ein Flugzeug gehört haben, denken, dass du mit dem Flugzeug kommst und gehst , auf jeden Fall! Ich muss sagen, dass ich nicht verstehe, warum du das tust; trotzdem hast du sie alle zum Narren gehalten, und ich mache mir überhaupt keine Sorgen um die Polizei oder die Gauner, weder um das eine noch um das andere . Aber pass auf die Gumberts- Menge auf! Sie laufen Gefahr, uns den Bullen vorzuführen, einfach weil wir nicht bei ihnen sind . Niemand sonst wird uns jemals herausfinden."

Gramont nickte nachdenklich.

„Ja? Aber, Sergeant, wie wäre es mit dem ruhigen kleinen Mann, der gestern Abend im Maillard-Haus vorbeikam und sich nach dem Auto erkundigte? Vielleicht hatte er herausgefunden, dass Sie den Motor laufen ließen."

"Ihn?" Hammond schniefte verächtlich. „Er war kein Idiot."

„Nun, ich wurde heute verfolgt; zumindest glaube ich, dass ich verfolgt wurde. Ich konnte niemanden hinter mir entdecken, aber ich war mir dessen sicher. Und lassen Sie mich Ihnen etwas über denselben ruhigen kleinen Mann erzählen! Sein Name ist Jachin Fell ."

„ Heluva -Name", kommentierte Hammond und runzelte die Stirn. „ Jachin , was? Scheint, als hätte ich den Namen schon einmal gehört. Aus der Bibel, nicht wahr? Irgendwas mit Jachin und Boas?"

„Das stelle ich mir vor." Gramont lächelte, als er antwortete. „Fell ist Anwalt, praktiziert aber nie als Anwalt. Er ist reich, er ist ein sehr guter Schachspieler – und wahrscheinlich der klügste Mann in New Orleans, Sergeant. Was er genau macht, weiß ich nicht; niemand weiß es. Das kann ich mir vorstellen." Er ist einer dieser stillen Männer, die im Hintergrund der Stadtpolitik bleiben und die Fäden in der Hand halten. Wissen Sie, eine Regierung ist hier seit fast zwanzig Jahren an der Macht – das bringt einen zum Nachdenken!

„Dieser Kerl Fell ist scharfsinnig, verdammt scharfsinnig!" fuhr Gramont fort , während der Chauffeur stirnrunzelnd aufmerksam zuhörte. „Er ist insgesamt zu scharfsinnig, um ein Krimineller zu sein – sonst würde ich vermuten, dass er sein Wissen über das Gesetz nutzt, um das Gesetz zu übertreten. Nun, ich denke, dass er hinter mir her ist und versucht, mich in die Schranken zu weisen." "

"Oh!" sagte Hammond. „Und jemand ist dir auf den Fersen ? Glaubst du, er hat die Bullen in die Irre geführt?"

Gramont zuckte mit den Schultern. „Ich weiß es nicht . Er hätte mich letzte Nacht fast erwischt. Wir müssen diesen Fliegeranzug sofort loswerden, und auch die Beute. Ich nehme an, Sie haben sich damit abgefunden, das Zeug zurückzugeben?"

Hammond rührte sich unruhig und legte seine Pfeife hin.

„Sehen Sie her, Kapitän ", sagte er ernst. „Ich habe kein Überfallspiel veranstaltet, weil es mir gefiel, und ich habe es auch nicht aus Spaß an der Sache gemacht, wie Sie es tun. Ich war völlig pleite, ich hatte keine Hoffnung mehr, und ich habe es nicht getan. " Es ist mir völlig egal, ob ich lebe oder sterbe – das liegt an den Toten! Genau da kommst du und holst mich ab.

„Du gibst mir einen Job. Außerdem hast du mich weiß behandelt, Käpt'n . Ich schätze, du hast gesehen, dass ich nur ein Mann war, dem der Teufel auf den Fersen war, und du hast den Teufel vertrieben. Du hast mir gegeben." Etwas Anständiges, für das man leben kann – um es wiedergutzumachen, weil du ein wenig an mich geglaubt hast! Warum wusstest du, als du unseren ersten Job angetreten hast, dass es so ist, mich zu trennen? Das tat es. Erst als wir nach Hause kamen Als du an jenem Abend sagtest, es sei alles nur ein Scherz und du würdest die Beute später zurückschicken, dann begann ich mich besser zu fühlen. Selbst wenn du dich als normales Unternehmen darauf eingelassen hättest , hätte ich es getan Ich bin bei dir geblieben – aber ich war verdammt froh, dass es ein Witz war! "

Gramont nickte voller Verständnis für die Gefühle des anderen.

„Es war nicht ganz ein Scherz, Sergeant", sagte er ernst. „Um ehrlich zu sein, ich habe es als Scherz angefangen, aber bald darauf habe ich etwas gelernt, das mich dazu gebracht hat, weiterzumachen. Ich habe damit weitergemacht, bis ich das Maillard-Haus erreichen konnte. Es war meine Absicht, im Comus aufzutauchen Ball, am Dienstagabend, und dort das Zeug öffentlich zurückgeben – aber das ist jetzt unmöglich. Ich wage es nicht, es zu riskieren! Dieser Mann, Fell, ist zu schlau."

„Du wirst den Trick dann nicht noch einmal machen? " fragte Hammond eifrig.

„Nein. Ich bin fertig. Ich habe, was ich wollte. Trotzdem möchte ich das Zeug nicht vor Mittwoch – Aschermittwoch, dem Ende der Karnevalszeit – zurückgeben. Angenommen, Sie holen die Beute heraus und besorgen mir welche Kartons. Und stellen Sie sicher, dass darauf weder ein Name noch ein Ladenetikett steht.

Hammond sprang auf und verschwand im Nebenzimmer. Als er schließlich zurückkam, brachte er mehrere Pappkartons mit sich, die er auf den Tisch in der Mitte warf. Gramont untersuchte sie genau und legte eine Anzahl beiseite, die für seinen Zweck am besten geeignet war. In der Zwischenzeit öffnete der Chauffeur einen Koffer, den er unter dem Bett hervorholte.

„Mir wird die Schuld gegeben. Ich bin froh, dass du fertig bist, glaub mir!" sagte er inbrünstig und blickte zu Gramont auf . „ Ich mache mir zwar keine großen Sorgen, aber ich würde es auf jeden Fall hassen, wenn die Bullen einen Kerl wie dich ausliefern würden, Käpt'n . Du konntest niemanden davon überzeugen , dass das alles nur ein Witz war, und das auch nicht." Einmal haben sie dich geschnappt. Sie sind ein schlechter Haufen von Bullen in dieser Stadt – es ist nicht wie in Chi oder anderen Orten, wo man einfach einspringen und ein bisschen reparieren kann."

„Sie scheinen das Spiel ziemlich gut zu kennen", und Gramont lächelte amüsiert.

„ War ich nicht ein Chauffeur und Werkstattmann?" erwiderte Hammond, als ob das viel erklären würde. „Wenn es irgendetwas gibt, gegen das wir Jungs nicht antreten, dann kannst du es nicht beim Namen nennen! Hier sind wir. Du willst, dass ich jeden Haufen getrennt halte, nicht wahr?"

„Sicher. Ich werde ein paar Notizen schreiben, um hineinzugehen."

Gramont ging zu einem Buhl- Schreibtisch in der Ecke des Raumes und setzte sich. Er holte sein Notizbuch heraus, riss mehrere Blätter ab und holte aus seiner Tasche einen Bleistift mit einer extrem harten Mine hervor. Er verfasste eine Reihe von Notizen, die bis auf die Adressen inhaltlich identisch waren:

LIEBER HERR :

Ich lege hiermit bestimmte Schmuckstücke und Gegenstände sowie Bargeld bei, die ich kürzlich unter Ihrer freundlichen Schirmherrschaft erworben habe.

Ich vertraue darauf, dass Sie die Verantwortung dafür übernehmen, diese Dinge den verschiedenen Gästen zurückzugeben, die sie unter Ihrem Dach verloren haben. Ich bereue die Unannehmlichkeiten, die mir dadurch entstanden sind, dass ich sie als Leihgabe aufgenommen habe, die ich jetzt zurückgebe. Bitte übermitteln Sie den einzelnen Eigentümern meine tiefe Wertschätzung und meine Zusicherung, dass ich in Zukunft niemanden mehr belästigen werde, da die Karnevalssaison zu Ende ist und damit auch mein kleiner Scherz.

DIE MITTERNACHTSMASKE.

Gramont nahm diese Notizen in die Hand und ging zum Kamin. Er warf den Bleistift ins Feuer und hinterher das Notizbuch.

„Mit diesem Mann, Fell, kann man kein Risiko eingehen", erklärte er. „Alles bereit, Sergeant. Gehen wir die Liste einzeln durch."

Aus dem Kofferraum holte Hammond Pakete mit Tickets hervor, die er auf den Tisch legte. Gramont wählte eines aus, öffnete es, packte den Inhalt sorgfältig in einen der Kartons, legte den ordnungsgemäß adressierten Zettel darauf und reichte ihn dem Chauffeur.

„Packen Sie es ein und adressieren Sie es. Geben Sie die Absenderadresse von John Smith, Bayou Teche, an."

Eines nach dem anderen durchsuchten sie die Beutepakete auf die gleiche Weise. Während sie arbeiteten, glitzerten vor ihnen auf dem Tisch kleine Haufen von Ringen, Broschen, Uhren und Geldscheinen; Juwelen, die grell in farbigen Feuern aufblitzten, historische und berühmte Juwelen aus dem aristokratischen Herzen des Südlandes, Erbstücke einer vergangenen Generation, Seite an Seite mit Platin-Rohstücken der gegenwärtigen Mode.

Gramont wusste , dass der Verlust dieser Dinge Sodbrennen verursacht hatte . Er konnte sich etwas von dem vorstellen, was auf seine

Raubüberfälle folgte: Familienstreitigkeiten, neue Käufe in den Edelsteinmärkten, bittere Vorwürfe, neue Hypotheken auf alte Erbschaften, Verärgerungen über wohlhabende Witwen, Schulterzucken der Gleichgültigkeit gegenüber den *Neureichen* ; vielleicht Leben verändert – Todesfälle – Scheidungen –

„Hinter diesen Schmuckstücken steckt viel menschliches Leben, Sergeant", überlegte er laut, während er arbeitete, ein kaltes Lächeln auf den Lippen. „Wenn sie zu ihren Besitzern zurückkehren, würde ich gerne in einem unsichtbaren Mantel herumschweben und die Ergebnisse beobachten! Hätten wir es nur wissen können, beeinflussen wir wahrscheinlich das Leben sehr vieler Menschen – im Guten wie im Schlechten. Diese. " Dinge stehen für Geld; und es gibt nichts Besseres als Geld oder dessen Fehlen, um das Schicksal der Menschen zu bestimmen."

„Du hast es gesagt", und Hammond grinste. „Ich bin hier, um es zu beweisen, nicht wahr ? Ich werde keine Schießereien mehr machen, jetzt habe ich einen festen Job."

„Und ein treuer Freund, alter Mann", fügte Gramont hinzu . „Ist Ihnen in den Sinn gekommen, dass ich vielleicht genauso dringend einen Freund brauchte wie Sie?"

Er hatte nun die letzte Kiste erreicht, die an Joseph Maillard gehen musste. Auf das Geld und die Schalnadeln, die er in die Schachtel legte, legte er ein dünnes Päckchen Papiere. Er tippte mit dem Finger darauf.

„Diese Papiere, Sergeant! Um sie zu bekommen, habe ich das ganze Spiel gespielt. Um sie zu bekommen und ihren Besitzer nicht in den Verdacht zu bringen, dass ich hinter ihnen her war! Jetzt gehen sie zu ihrem Besitzer zurück."

"Wer ist er?" forderte Hammond.

„Der junge Maillard – Sohn des Bankiers. Er hat mich in eine Ölgesellschaft gelockt und mich fast in der ersten Woche, in der ich hier war, wie ein Idiot erwischt. Ich habe fast mein ganzes Geld in seine Firma gesteckt."

„Du meinst, er hat dich gestochen?"

"Noch nicht." Gramont lächelte kalt und barsch. „Das war seine Absicht; er dachte, ich wäre ein Franzose, der auf jedes Spiel hereinfallen würde. Ich bin völlig richtig gefallen – aber ich werde als Sieger hervorgehen."

Der andere runzelte die Stirn. „Ich verstehe dich nicht, Kapitän . Irgendein Aktiendeal?"

"Ja und nein." Gramont hielt inne und schien seine Worte mit Bedacht zu wählen. „Miss Ledanois , die Dame, die heute Nachmittag mit uns gefahren ist, ist eine alte Freundin von mir. Ich weiß schon seit einiger Zeit, dass jemand sie belästigt hat. Ich vermutete, dass es Maillard der Ältere war, denn er hatte die Kontrolle über … Ihre Affären liegen schon seit einiger Zeit zurück. Jetzt jedoch haben mir diese Papiere die Wahrheit gezeigt. Er war ehrlich zu ihr; sein Sohn war der Mann.

„Der junge Narr stellt sich vor, dass er durch Tricks und Jonglieren das Spiel der Hochfinanz spielt! Er arbeitete an seinem Vater, ließ seinen Vater Land verkaufen, das Fräulein Ledanois gehörte , und er selbst erntete die Gewinne. Darunter sind Banknoten und Aktienemissionen Papiere, die für mich sein ganzes Spiel verraten. Keine rechtlichen Beweise, wie ich gehofft hatte, aber Beweise genug, um mir die Wahrheit der Dinge zu zeigen – um mir zu zeigen, dass er ein Schurke ist! Außerdem beziehen sie sich auf meinen eigenen Fall, und Ich bin jetzt zufrieden, dass ich ruiniert wäre, wenn ich bei ihm bleiben würde.

„Nun, das ist ganz einfach“, sagte Hammond. „Halten Sie ihn einfach mit diesen Papieren hoch – lassen Sie ihn rüberkommen!“

„Ich bin nicht in dieser Art von Geschäft tätig. Ich habe diese Papiere gestohlen, nicht um sie zur Erpressung zu nutzen, sondern um an Informationen zu kommen. Übrigens, holen Sie die Blechdose aus meinem Kofferraum, ja? Ich möchte meine Vorräte mitnehmen.“ Morgens habe ich die Zeugnisse bei mir und darf sie nicht vergessen.

Hammond verschwand im Nebenzimmer.

Gramont saß da und starrte auf die Kisten vor ihm. Trotz seiner Worte an Hammond lag in seinen Augen ein Funke verwirrten Missfallens, purer Unzufriedenheit. Er schüttelte düster den Kopf und seine Augen trübten sich.

„Alles umsonst – die ganze Mühe!“ er murmelte. „Ich dachte, es könnte zu etwas führen , aber alles, was es mir gebracht hat, ist die Belohnung, mich selbst zu retten und möglicherweise Lucie zurückzuholen. Was das größere Spiel, die größere Beute betrifft – es ist alles verschwendet. Ich habe keinen einzigen Thread entwirrt ; das Der erste wirkliche Hinweis kam mir heute Abend rein zufällig. Memphis Izzy Gumberts ! Das ist die Spur, der ich folgen muss! Ich werde diesen Midnight-Masquer-Dummkopf loswerden und mich dem echten Spiel widmen.

Gramont musste feststellen, dass es bei weitem nicht so einfach ist, sich von der Torheit zu befreien, wie es ist, Narrenmütze und Glocken aufzusetzen; eine Tatsache, die ein gewisser Simplicissimus zu seinem

Bedauern dreihundert Jahre zuvor entdeckt hatte. Aber da Gramont sich mit dieser Literatur nicht auskannte, hatte er die Entdeckung noch vor sich.

Hammond betrat den Raum mit der Blechdose, aus der Gramont seine von Bob Maillards Ölgesellschaft ausgegebenen Aktienzertifikate nahm. Er steckte die Aktien ein.

„Spielt das hier, Miss Ledanois ", mit Ihnen mit im Spiel? Der junge Maillard ist mit ihr verwandt, nicht wahr?"

„Ich denke, sie ist sich seiner Nachteile durchaus bewusst", antwortete Gramont trocken.

"Ich verstehe." Hammond rieb sich das Kinn und musterte seinen Arbeitgeber mit einem Augenzwinkern, das vollkommenes Verständnis signalisierte . „Nun, wie willst du denn an die Spitze kommen?"

„Ich möchte mein eigenes Geld zurückbekommen", erklärte Gramont . „Sehen Sie, der junge Maillard denkt, dass er mich gut gesäubert hat. Ich habe viel in seine Firma investiert, die bereits ein paar kleine Brunnen betreibt. Während ich mir den wahrscheinlichen Plan vorstelle, ist die Pleite dieser Firma und einer anderen Firma geplant wird die Aktie für so gut wie nichts übernehmen. Maillard wird die andere Firma sein; seine jetzigen Partner werden die Idioten sein! Das ist das oder ein ähnlicher Trick. Ich interessiere mich nicht mehr für die Angelegenheit."

„Warum nicht, wenn du Geld darin hast?"

„Mein Sohn, morgen ist Montag. Proteus wird morgen aus dem Meer kommen, und der Proteus-Ball kommt morgen Abend heraus. Trotz dieser Ablenkungen sind die Banken morgens geöffnet. Klug?

„Ich werde gleich am nächsten Morgen zu Maillard, dem Bankier – Joseph Maillard – gehen und ihm meine Aktien anbieten. Er wird sehr froh sein, sie mit einem Rabatt zu bekommen, da er weiß, dass sie im Besitz seines Sohnes sind. Sehen Sie, Der Sohn vertraut sich dem alten Mann nicht besonders an. Ich lasse den Vater bei dem Geschäft mit mir ein wenig Geld gewinnen, und auf diese Weise werde ich es schaffen, den größten Teil meiner Investition zu sparen –"

"Heilige Makrele!" Hammond brach in schallendes Gelächter aus, als ihm die Idee kam. „Sagen Sie mal, wenn das nicht das reichste Ding ist, das jemals gezogen wurde! Wenn der Crash kommt, wird der schicke Junge seinen Vater kräftig verarschen, oder?"

„Genau; und ich denke, sein Vater kann es sich viel besser leisten, gestochen zu werden als ich", stimmte Gramont fröhlich zu. „Außerdem bin ich jetzt sicher, dass Bob Maillard derjenige ist, der hinter Miss Ledanois steckt . Zuerst werde ich mich von ihm entfernen und dann anfangen, ihm das zu geben, was er verdient. Vielleicht gründe ich eine Ölgesellschaft mein eigenes."

„Tu es", riet Hammond immer noch lachend.

„Jetzt", und Gramont stand auf, „nehmen wir diese Pakete und verstauen sie im Gepäckraum des Autos. Ich werde nervös bei dem Gedanken, sie hier in der Nähe zu haben, und sie werden dort über Nacht vollkommen sicher sein – sicherer." dort als hier. Morgen können Sie mit dem Auto aus der Stadt fahren und die Pakete per Paketpost aus einer kleinen Stadt verschicken.

„Deshalb sollten sie am Mittwoch hier zugestellt werden. Du trägst besser einen meiner Anzüge, lasst dein Chauffeur-Outfit hier und halte nicht mit dem Auto vor dem Postamt an , wo du die Pakete aufgibst –"

„Ich verstehe", stimmte Hammond weise zu. „Ich lasse das Auto außerhalb der Stadt stehen und schiebe es in die Kisten, damit niemand das Auto bemerkt oder es mit den Paketen in Verbindung bringt, was? Aber was ist mit den Fliegerklamotten?"

„Nehmen Sie sie mit – am besten packen Sie sie hier und jetzt ein. Sie können sie überall in einen Graben werfen."

Hammond gehorchte.

Zehn Minuten später verließen die beiden Männer mit den Beutepaketen und dem Bündel mit der Fliegeruniform den Raum. Sie stiegen zum Hof hinter dem Haus hinab. Hier befand sich ein kleiner Garten mit einem Brunnen in der Mitte . Dahinter befanden sich die Ställe, die als solche schon lange nicht mehr genutzt wurden und nun nur noch vom Wagen von Gramont genutzt wurden .

Mit unverhohlener Erleichterung sah Gramont nun, wie das Zeug tatsächlich das Haus verließ. In den letzten Stunden hatte er große Angst vor Jachin Fell bekommen. Während er sich auf den Mann konzentrierte und vorsichtig Informationen aufnahm, hatte er an diesem Tag viele kleine Dinge in sich aufgenommen, die sein Gefühl der Gefahr von dieser Seite aus verstärkten. Strohhalme, nicht mehr, aber durchaus bedeutende Strohhalme. Gramont war sich klar darüber im Klaren, dass er verloren sein würde, wenn die Polizei jemals seine Räume durchsuchen und diese Beute finden würde. Gegen solche Beweise konnte es keine Entschuldigung geben, die auch nur eine Minute lang stichhaltig wäre.

In der Garage schaltete Hammond das Licht des Autos ein. Im Schein des Scheins verstauten sie ihre Lasten im Gepäckraum des Persennings, der sie ordentlich verstaute. Bei dem Auto handelte es sich um einen großen

Zwölfzylinder-Nonpareil mit vier Sitzen, den Gramont auf dem Gebrauchtwagenmarkt erstanden hatte. Hammond hatte es in eine prächtige Form gebracht und liebte den Mechanismus wie seinen Augapfel.

Der Gepäckraum wurde geschlossen und verriegelt, sie kehrten ins Haus zurück und taten die Angelegenheit als erledigt ab.

Am nächsten Morgen hatte Gramont , der normalerweise *im Ruhestand mit seiner Gastgeberin* frühstückte , kaum am Tisch Platz genommen, als er die Gestalt Hammonds am Hintereingang des Speisesaals bemerkte. Der Chauffeur winkte ihn hastig.

„Kommen Sie hier raus, Kapitän !" Hammond atmete schwer und schien etwas aufgeregt zu sein. „Will dir was zeigen ! "

„Gibt es etwas Wichtiges?" Gramont zögerte. Der andere betrachtete ihn mit einem unheilvollen Gesichtsausdruck.

„Wichtig? Schlimmer noch!"

Gramont stand auf und folgte Hammond zu seinem großen Erstaunen in die Garage. Der Chauffeur blieb neben dem Auto stehen, reichte ihm einen Schlüssel und zeigte auf den Gepäckraum.

„Hier ist der Schlüssel – du öffnest sie!"

„Was ist los, Mann?"

„Das Zeug ist weg!"

Gramont ergriff den Schlüssel und öffnete das Fach. Es erwies sich tatsächlich als leer. Er starrte in das Gesicht von Hammond, der ihn in verbissenem Schweigen beobachtete.

„Ich wusste, dass Sie mich verdächtigen würden", entfuhr es dem Chauffeur, aber Gramont unterbrach ihn knapp.

„Seien Sie kein Narr; nichts dergleichen. War die Garage verschlossen?"

„Ja, und das Abteil auch! Ich kam raus, um mir den aufgeschnittenen Reifen anzusehen, und dachte, ich würde dafür sorgen, dass das Zeug sicher ist –"

„Wir sind dagegen, das ist alles." Gramont presste für einen Moment die Lippen zusammen. Dann richtete er sich auf und klopfte dem anderen auf die Schulter. „Ruhe dich! Ich habe nie daran gedacht, dich zu verdächtigen, alter Kerl. Letzte Nacht muss uns jemand beobachtet haben, oder?"

„Wahrscheinlich der Typ, der dir gestern gefolgt ist", stimmte Hammond mürrisch zu. „Es ist nicht schwer, hier einzubrechen, und jeder könnte dieses Fach mit einer Haarnadel öffnen."

„Nun, eine Reise ins Land bleibt Ihnen erspart."

„Glauben Sie, sie haben uns erwischt, Kapitän ? Was können wir tun?"

"Tun?" Gramont zuckte mit den Schultern und lachte. „Nichts außer abzuwarten und zu sehen, was als nächstes passiert! Wenn du kandidieren willst, gebe ich dir genug Geld, um dich nach New York oder Frisco zu bringen –"

„Lauf – verdammt!" Hammond schniefte verächtlich. „Was glaubst du, dass ich ein Boche bin ? Ich bleibe dabei."

"Guter Junge." Gramont wandte sich dem Haus zu. „Kommen Sie rein und holen Sie sich Frühstück, und berühren Sie die Abteiltür nicht. Ich möchte sie später untersuchen."

Hammond blickte ihm bewundernd nach, als er den Garten durchquerte. „Wenn du kein cooles Händchen hast, ich bin ein Holländer!" murmelte er und folgte seinem Meister.

KAPITEL VI

Chacherre

Um 10 Uhr an diesem Montagmorgen näherte sich Gramonts Wagen der Canal Street und hielt einen Block entfernt an. Für ein Auto war es unmöglich, den Kanal zu erreichen, geschweige denn ihm zu folgen. Von Bordstein zu Bordstein war die breite Allee voller Karnevalsleute, die sich behaupteten, bis Proteus an Land kam, um seine eigene Parade und seinen eigenen Teil der Festlichkeiten zu leiten.

Gramont verließ das Auto und drehte sich um, um mit Hammond zu sprechen.

„Ich habe mindestens zwei Fingerabdrücke im Gepäckraum entdeckt", sagte er leise. „Fahren Sie zum Polizeipräsidium und erstatten Sie in meinem Namen Anzeige wegen Raubüberfall auf das Abteil. Sagen Sie, der Dieb sei mit einigen wertvollen Paketen davongekommen, die ich gerade verschicken wollte. Sie haben ein Verfahren zur Übertragung von Fingerabdrücken wie diesen; verstehen Sie erledigt. Vielleicht können sie den Dieb identifizieren, denn es muss ein geschickter Diet gewesen sein, um in das Abteil zu gelangen, ohne einen Kratzer zu hinterlassen. Nehmen Sie sich Zeit und kommen Sie nach Hause, wenn Sie fertig sind.

Hammond hörte unbewegt zu. „Wenn es die Bullen waren, Kapitän , wenn wir zu ihnen gehen, werden wir sicher erwischt –"

„Wenn sie es getan hätten", sagte Gramont , „wären wir schon lange vorher gekniffen worden! Es war jemand, der von diesem Teufel Jachin Fell geschickt wurde, und ich werde ihn landen, wenn ich kann!"

„Dann wird Fell uns landen, wenn er das Zeug dazu hat!"

„Lassen Sie ihn! Wie kann er irgendetwas beweisen, wenn er nicht die Polizei dazu gebracht hätte, dieses Abteil zu öffnen? Kommen Sie mit Ihnen klar!"

Hammond grinste, salutierte und fuhr davon.

Langsam bahnte sich Gramont seinen Weg durch die wirbelnde Menschenmenge zur Canal Street und erreichte bald die imposanten Portale der Exeter National Bank. Als er das Gebäude betrat, schickte er seine Karte an das Privatbüro des Präsidenten; Einen Moment später wurde er hereingeführt und mit Joseph Maillard unter Verschluss gehalten.

Das Innere des Exeter National spiegelte die strenge Persönlichkeit wider, die es beherrschte. Die Bank war dunkel, altmodisch, konservativ und wurde mit viel Unverschämtheit aus Eisengittern und Gittern gegen den Übeltäter bewacht.

Die Fenstermänner begrüßten ihre Kunden mit einem seltenen Lächeln, mit einer so großen Vorsicht und Zurückhaltung, dass es geradezu kühl war. Verdacht schien in der Luft zu liegen. Der Ruf der Bank, die Unantastbarkeit des Reichtums zu wahren, schien schwer auf jedem Paar gebeugter Schultern zu ruhen. Sogar die Stenographinnen waren unschöne Frauen mit müden Augen, erbärmlich tüchtig und offensichtlich respektabel.

Wie es sich für eine so alte und konservative Institution in New Orleans gehörte, wurden viele Geschäfte auf Französisch abgewickelt.

Die Geschäftskunden dieser Bank erlebten, dass ihre Angelegenheiten kühl, effizient und mit einer unmenschlichen Präzision erledigt wurden, die bewundernswert war. Es war gut fürs Geschäft und es gefiel ihnen. Es gab keine Fehler.

Menschen, die es gewohnt waren, mit Bankiers mit freundlichem Lächeln und höflichen Worten umzugehen, Menschen, die gerne in eine Bank gingen und sich persönlich begrüßen ließen, kamen hier nicht her und waren auch nicht erwünscht. Das Exeter National war ein Ort für Geschäfte, nicht für Höflichkeit. Es war absolut präzise, kalt , unmenschlich und von Grund auf geschäftsmäßig. Ihr ältester Kunde konnte keinen Wechsel auf Paris oder London oder andere Korrespondenzbanken der Bank kaufen, ohne die erforderliche Gebühr zu zahlen. Der reichste Einleger konnte nicht damit rechnen, sein Girokonto um einen Dollar zu überziehen, ohne vor Ablauf des nächsten Tages eine Begleichung vornehmen zu müssen. Kredite wurden zögernd, widerwillig und aus der Notwendigkeit heraus vergeben, immer auf der Grundlage der Sicherheit und niemals aufgrund des Charakters.

So war der Exeter National. Sein Charakter spiegelte sich in den kalten Gesichtern an seinen Fenstern wider, und die zufälligen Kunden, die seine heiligen Portale betraten, wurden gebührend eingeschüchtert und an den richtigen Platz verwiesen. Die meisten von ihnen waren es jedenfalls. Gelegentlich tauchte eine unerschrockene Seele auf, die gegen die düstere Kälte immun zu sein schien und die sie sogar zu verabscheuen schien. Eine dieser Personen stand jetzt in der Lobby und starrte mit einer kühlen Unverschämtheit um sich, die die ungünstigen Blicke der Angestellten auf sich zog.

Er war ein anständig gekleideter Kerl, offensichtlich kein Gast dieses heiligen Ortes, offensichtlich ein Fremder in seinem Inneren. Unter einem verwegenen, weichen Hut strahlte ein Gesicht , das den Ausdruck selbstbewusster, unverschämter Teufelei trug. Nach einem Blick auf dieses

Gesicht deutete die Kassiererin hastig mit dem Finger auf den Parkwächter, der nickte und mit einer höflichen Frage auf den Eindringling zuging.

"Kann ich Ihnen helfen?"

Der Eindringling drehte sich um, warf dem Wachmann einen kühlen Blick zu und brach dann in schallendes Lachen aus, das er mit kreolischem Dialekt überschwemmte.

„Warum, wenn es nicht der alte Lacroix aus Carencro ist! Und schauen Sie sich die Messingknöpfe an – *diable* ! Ihnen muss dieser Laden gehören, hein ? *la tchè chatte poussé avec temps* – der Schwanz der Katze wächst mit der Zeit, wie ich sehe! Du erinnerst dich an mich?"

„Ben Chacherre !" rief der Wachmann und verlor für einen Moment seine Würde. „Warum – du *Vaurien* , du! Du, der du aus der Gemeinde verschwunden bist und ein Landstreicher geworden bist –"

„ Sie rümpfen also Ihre heilige Nase gegenüber Ben Chacherre , nicht wahr?" rief diese Person unbeschwert aus. Er schob seinen Hut etwas weiter über ein Ohr und schnippte dann mit den Fingern unter der Nase von Lacroix.

„Ein *Vaurien* , nicht wahr? Alter Pfau! Führe mich zu dem Mann, der Schecks einlöst, Lakai, Messingknöpfe, der du bist! Komm, gehorche mir, oder ich lasse dich auf die Straße werfen!"

„Sie – Sie möchten einen Scheck einlösen?" Die Wache war verwirrt, denn die lauten Töne Chacherres drangen durch die ganze Anstalt. „Aber Sie sind hier nicht bekannt –"

„Bah, Unverschämter! *Macaque dan calebasse* – Affe in der Kalebasse, der du bist! Kennst du mich nicht?"

„Der Himmel bewahre mich! Ich werde nicht für deine verfluchten Schecks bürgen."

„Dann geh zum Teufel", fauchte Chacherre und wandte sich ab.

Seine umherschweifenden Augen hatten über die anderen Suchenden bereits das richtige Fenster gefunden und nun trat er in die kleine Schlange, die sich gebildet hatte. Als er an der Reihe war, schob er seinen Scheck über die Marmorplatte, steckte die Daumen in die Armlöcher seiner Weste und starrte unverschämt in die fragenden, kalt abweisenden Augen des Kassierers.

"Also?" rief er aus, als der Kassierer den Scheck untersuchte. „Möchtest du es essen, dass du so stark schnupperst?"

Der Kassierer warf ihm einen Blick zu. „Das ist für tausend Dollar –"

„Kann ich nicht lesen?" sagte Chacherre mit einer frechen Geste. „Bin ich ein unwissender Cajun ? Habe ich nicht Augen im Kopf? Wenn Sie einen Streit anfangen wollen, sagen Sie, dass der Scheck über hundert Dollar lautet. Dann werde ich, beim Himmel, etwas mit Ihnen diskutieren!"

„Du bist Ben Chacherre , nicht wahr? Kennt dich hier jemand ?"

Chacherre brach in einen heftigen Fluch aus. „Du Dummkopf, muss ich bekannt sein, wenn der Scheck unter meiner Unterschrift bestätigt wird? Wer hat dir das Geschäft beigebracht, Affe?"

„Stimmt", antwortete der Kassierer mürrisch. „Aber der Betrag –"

„Oh, bah!" Chacherre schnippte mit den Fingern. „Geh und rufe Jachin Fell an, du alte Frau! Geh und sag ihm, dass du seine Unterschrift nicht kennst – nun, wen siehst du da? Bin ich dann ein Telefon? Du bist nicht angeheuert, um zu schauen, sondern zu handeln! Mach es ."

Der wütende und empörte Kassierer winkte einen Mitbruder. Jachin Fell wurde angerufen. Vermutlich war seine Antwort beruhigend, denn Chacherre wurden sofort tausend Dollar in kleinen Scheinen ausgehändigt, wie er es verlangt hatte. Er bestand darauf, mit unverschämter Gewissenhaftigkeit das Geld am Fenster zu zählen, machte dem Kassierer ein letztes Kompliment und stolzierte durch die Lobby. Er stand immer noch am Eingang, als Henry Gramont das Privatbüro des Präsidenten verließ und an ihm vorbeiging, ohne ihn anzusehen.

Gramont lächelte vor sich hin, als er die Bank verließ, und Ben Chacherre pfiff fröhlich, als er ebenfalls ging und sich in den wirbelnden Strudel der Karnevalsmenge stürzte.

Gegen Mittag erreichte Gramont zu Fuß seine Pension. Als er feststellte, dass die Zimmer leer waren, ging er weiter und durchquerte den Garten. Hinter der Garage, in der Gasse, entdeckte er Hammond, der damit beschäftigt war, den Motor des Autos zu reinigen und zu polieren.

"Hallo!" rief er fröhlich aus. "Was für ein Glück?"

„Ganz gut, Kapitän ." Hammond blickte auf und hielt dann inne.

Ein Fremder schlenderte durch die Gasse auf sie zu, ein flotter Mensch, der fröhlich pfiff und völlig sorglos und glücklich wirkte. Er schien keinerlei Interesse an ihnen zu haben, und Hammond kam zu dem Schluss, dass er harmlos war.

„Sie haben die Abdrücke in Ordnung, Kapitän . Außerdem glauben sie, den Kerl gefunden zu haben, der sie gemacht hat ."

„Ah, gute Arbeit!" rief Gramont aus . „Ein Verbrecher?"

Hammond runzelte die Stirn. Der Fremde war ein paar Meter entfernt stehengeblieben, warf ihnen ein ruckartiges, nachlässiges Nicken zu und begann, eine Zigarette zu drehen. Er betrachtete das Auto mit einem wissenden und anerkennenden Blick. Hammond drehte dem Mann verächtlich den Rücken zu.

„Ja – ein heimlicher Dieb, den sie vor ein paar Jahren geklaut hatten; ich wusste nicht, wo er war, aber die Abdrücke schienen zu ihm zu passen. Irgendwann heute werden sie vorbeikommen und sich die Sache ansehen und ihn dann verfolgen." und lande ihn.

Gramont warf dem Fremden einen Blick zu, doch der andere betrachtete das Auto immer noch mit offensichtlicher Bewunderung. Wenn er ihre Worte hörte , schenkte er ihnen keine Beachtung.

„Wer war dann der Mann?" fragte Gramont .

„Ein Typ mit einem seltsamen Namen – Ben Chacherre ." Hammond sprach es so aus, wie er es für richtig hielt – so, wie der Name geschrieben wurde. „Nur dass sie ihn nicht so genannt haben. Hier habe ich es aufgeschrieben."

Er kramte in seiner Tasche und holte ein Papier hervor. Gramont warf einen Blick darauf und lachte.

„Oh, Chacherre !" Er gab dem Namen die kreolische Aussprache.

„Ja, Sasherry . Ich gehe davon aus, dass sie jetzt jederzeit kommen werden – sagte, zwei Bullen würden vorbeischauen."

"In Ordnung." Gramont nickte und wandte sich ab, mit einem weiteren Blick auf den Fremden. „Soweit ich weiß, werde ich das Auto weder heute noch heute Abend wollen. Ich gehe nicht zum Proteus-Ball. Bis morgen gehört also Ihre Zeit; machen Sie das Beste daraus!"

Er verschwand und Hammond kehrte zu seiner Arbeit zurück. Dann richtete er sich auf, denn der flotte Fremde kam auf ihn zu und hatte offenbar die Absicht, etwas zu sagen.

„Ein Auto hast du da, Bruder!" Ben Chacherre , der den Großteil des vorangegangenen Gesprächs mitgehört hatte, zündete sich seine Zigarette an und grinste vertraut. „Ein Auto, was?"

„Sie ist ein Boot, in Ordnung", räumte Hammond widerwillig ein. Das Aussehen des anderen gefiel ihm nicht, obwohl ihm das Lob über das Auto wohltuend in der Seele lag. „Sie macht bestimmt einige Schritte."

„Ja. Alles, was sie braucht", sagte Chacherre gedehnt , „sind ein paar gute Reifen, einen neuen Anstrich, ein gutes Stahlchassis und einen neuen Motor –"

„Häh?" schnaubte Hammond. „Sag mal , wer hat dir in diesem Spiel Chips verkauft? Mach weiter!"

Ben grinste erneut und lehnte sich an einen nahegelegenen Telefonmast.

„Freies Land, nicht wahr?" erkundigte er sich träge. „Oder haben Sie Ihren Gewinn investiert und diese Gasse hier gekauft?"

Hammond errötete vor Wut und trat einen Schritt vor. Die nächsten Worte von Chacherre brachten ihn jedoch schlagartig zur Selbstbeherrschung.

„Haben Sie hier etwas von einem Fliegerhelm gesehen?"

„Häh?" Der Chauffeur warf seinem Peiniger einen bösen Blick zu, hatte jedoch plötzlich ein Übelkeitsgefühl in seiner Brust. Plötzlich wurde ihm klar, dass die Augen des Mannes ihm direkt, mit kühner und unverschämter Direktheit begegneten. „Wen veräppelst du jetzt?"

„Niemand. Ich habe eine Frage gestellt, das ist alles." Ben Chacherre warf seine Zigarette weg, befreite sich vom Telefonmast und entfernte sich. „Nur", warf er über seine Schulter, „ich bin letzte Nacht mit meinem Flugzeug hierher geflogen und habe meinen Helm über Bord verloren. Ich dachte, du hättest es vielleicht gesehen. Bis dann, Bruder!"

Hammond stand da und starrte der prahlerischen Gestalt nach; ausnahmsweise war er sprachlos. Die flotten Worte hatten ihn in Angst und Schrecken versetzt . Er begann impulsiv, diesen unverschämten Angeber zu verfolgen – dann hielt er sich zurück. Hatte der Mann etwas erraten? Hatte der Mann etwas gewusst? Oder waren diese Worte nur eine kleine bedeutungslose Unverschämtheit gewesen – ein zufälliger Pfeil, der versehentlich nach Hause geflogen war?

Die letzte Vermutung überzeugte Hammond von der Wahrheit, und sein vorübergehender Schrecken ließ nach. Er kam zu dem Schluss, dass der Vorfall für Gramont nicht der Rede wert war , der zu diesem Zeitpunkt sicherlich selbst genug Probleme hatte. Also schwieg er darüber.

Ben Chacherre schlenderte mit einem unbedachten Pfiff auf den Lippen aus der Gasse. Als er jedoch außer Sichtweite von Hammond war, beschleunigte er sein Tempo. Er bog in eine Seitenstraße ein und richtete seinen Schritt auf den Teil des alten Viertels, der in den Tagen vor der Prohibition für kleine Kabaretts und Kneipen verschiedener Art genutzt worden war. Die meisten dieser Orte waren inzwischen mit Brettern vernagelt und vermutlich verlassen. Als Chacherre zu einem von ihnen kam, das schmutziger und trostloser wirkte als die anderen, öffnete er eine Seitentür und verschwand.

Er betrat das ehemalige Kabarett Red Cat. An einem Tisch im halbdunklen Hauptraum saßen zwei Männer. Ein schlampiger Kellner brütete über einer Zeitung an einem anderen Tisch in einer hinteren Ecke. Die beiden in der Mitte nickten Chacherre zu . Einer von ihnen, der Besitzer, deutete mit einer Kopfbewegung auf die Einladung, sich ihnen anzuschließen.

Ein in den Kreisen der Unterwelt berühmter Mann, ein Mann, dessen Ruf auf merkwürdigen Taten und Fakten beruhte, dieser Besitzer; Nur wenige Gauner im Land hatten den Namen Memphis Izzy Gumberts nicht gehört . Er war jetzt ein ergrauter alter Bär; Aber in der Vergangenheit war er der Leiter einer weit verzweigten Organisation gewesen, die an jedem Gehaltstag jeden Armeeposten im Land abdeckte und etwa zwei Drittel von Onkel Sams Gehaltsliste in ihre eigenen Taschen steckte – eine Leistung, die in kriminellen Kreisen noch immer verbreitet wird als das *Nonplusultra* des Erfolgs. Diese glorreichen Tage waren vorbei, aber Memphis Izzy, der noch nie in einer Galerie „überfallen" worden war, saß in seinem verlassenen Kabarett und es mangelte ihm immer noch nicht an Macht und Einfluss.

Der Mann an seiner Seite hatte offenbar keine Lust zu verweilen, denn er stand auf und verabschiedete sich, als Chacherre näher kam.

„Wir haben noch etwa achtzehn Autos übrig", sagte er zu Gumberts . „Charley the Goog kann sich um sie kümmern, und der Ort ist sicher genug. Sie sind dir überlassen. Ich treibe zurück nach Chi."

„Gehen Sie voran", und Gumberts nickte mit einem Grinsen in den Augen. Sein Gesicht war breit, hatte schwere Wangen und war von scharfem und kraftvollem Geschick geprägt. „Es ist ein Kinderspiel, dass sich in diesem Bundesstaat niemand in unsere Angelegenheiten einmischt . Über die Autos aus Texas – gibt es Neuigkeiten?"

sie nächste Woche herzubringen ."

Gumberts nickte erneut und der Mann ging. Ben Chacherre ließ sich auf den Stuhl fallen, den er verlassen hatte , und holte aus seiner Tasche das Geld, das er bei der Bank erhalten hatte. Er legte es vor Gumberts auf den Tisch .

„Da bist du ja", sagte er. „Beträge, die Sie wollen und so. Der Chef sagt, ich solle mir eine Quittung geben."

„Würde dir nicht vertrauen, was?" spottete Gumberts . Er holte Bleistift und Papier heraus, kritzelte ein oder zwei Wörter und schob Chacherre das Papier zu . Dann griff er nach einer kleinen Tasche, die offen neben seinem Stuhl auf dem Boden lag. „Warum sollte der Chef das Geld nicht aus der Kasse lassen, hey?"

„Wollte getrennte Konten führen", sagte Chacherre .

Gumberts nickte und holte zwei große versiegelte Umschläge hervor, die er über den Tisch schob.

Für die vorletzte Woche gibt es Rakeoff ", verkündete er. „ Nach ersten Berichten zu urteilen , wird die letzte Woche das große Geschäft sein ."

Chacherre steckte die Umschläge ein, zündete sich eine Zigarette an und beugte sich vor.

sofort einen neuen Mann nach Bayou Latouche schicken. Lafarge war dort, weißt du; ein Nigger hat ihn gestern erschossen. Der Nigger drohte zu schreien, wenn er sein Geld nicht zurückbekäme – Lafarge war ein Narr und … Ich wusste nicht, wie ich mit ihm umgehen sollte. Die Lotterie wird sich dort einen schlechten Ruf verschaffen …"

Gumberts schnippte mit den Fingern. "Lass es!" sagte er ruhig. „Das große Geld aus dieser ganzen Abteilung kommt von Chinesen und Filipinos, mein Freund. Die Nigger spielen keine Rolle."

„Nun, der Chef sagt, dass man da unten einen neuen Mann erschießen soll. Außerdem sagt er, man sollte sich aufgrund der Regierungsvorschriften besser davor hüten, die Lotterie auf Texas und Alabama auszudehnen ."

Die schweren Gesichtszüge von Gumberts schlossen sich zu einem finsteren Blick.

„Sagen Sie Ihrem Chef " , sagte er, „wenn es darum geht, sich von Bundesmännern fernzuhalten, möchte ich keine Anweisungen von irgendjemandem! Wir haben jeden Mann in diesem Staat entdeckt. Jeder, der repariert werden kann, ist repariert. " – und das gilt für die Gesetzgeber und Politiker, die die Grenze klären! Sagen Sie Ihrem Chef, er soll sich genauso um die lokale Regierung kümmern , wie ich mich um andere Dinge kümmere, und er wird alles Notwendige tun. Worum er sich kümmern sollte, Zum einen ist dieser Typ hier, der sich selbst „Mitternachtsmaske" nennt. Ich habe ihm schon einmal gesagt, dass dieser Kerl mein System zum Teufel treibt! Dieser Masquer erhält keinen Schutz, verstehen Sie? Je schneller Fell ihn verfolgt, desto besser für alle betroffen--"

Chacherre lachte, nicht ohne zu prahlen.

„Wir haben uns um all das gekümmert, Izzy – wir sind auf ihn losgegangen und haben ihn erledigt! Der Kerl hat das nur aus Spaß gemacht , das ist alles. Seine Beute geht heute ganz an die Besitzer zurück. Es Machen Sie sich jedenfalls keine Sorgen! Es war nicht viel dabei – größtenteils Schmuck , der nicht entsorgt werden konnte. Bei so einem Schrott durften wir kein Risiko eingehen.“

„Ich sollte nein sagen.“ Gumbert blickte ihn finster an. „Du hast das Zeug?“

„Der Chef hat es. Hören Sie, Izzy, ich möchte, dass Sie in der Zentrale ein wenig Einfluss auf diesen Deal nehmen – der Chef möchte dort nicht seine Hand zeigen“, und Ben Chacherre beugte sich vor und sprach mit leiser Stimme. Dann hörte Gumberts ihm zu, kicherte und nickte zustimmend.

Um zwei Uhr nachmittags wurde Henry Gramont , der unter völliger Missachtung des Karnevalsumzugs in der Innenstadt Briefe schrieb, ans Telefon gerufen. Er wurde von einer Stimme begrüßt, die er nicht kannte, die sich aber sofort meldete.

„Das ist Mr. Gramont ? Hier spricht das Polizeipräsidium . Sie haben heute Morgen Anklage gegen einen Burschen namens Chacherre erhoben ?“

„Ja“, antwortete Gramont .

„Dann muss es ein Fehler gewesen sein“, kam die Antwort. „Wir dachten, die Abdrücke passten, stellten aber später fest, dass das nicht der Fall war. Wir suchten den Chacherre- Typen auf und stellten fest, dass er stabil und vollkommen in Ordnung war. Was noch wichtiger ist, er erwies sich als absolut sicheres Alibi für neulich Nacht.“

"Oh!" sagte Gramont . „Dann gibt es nichts zu tun?“

„Noch nicht. Wir arbeiten daran und vielleicht gibt es später Neuigkeiten. Auf Wiedersehen.“

Gramont legte den Hörer auf und runzelte verwirrt die Stirn. Aber nach einer Minute lachte er leise – eine Spur von Wut im Lachen.

"Ah!" er murmelte. „Ich gratuliere Ihnen zu Ihrer Effizienz, Herr Fell! Aber jetzt warten Sie noch ein wenig – dann sehen wir uns wieder. Ich glaube, ich komme endlich ans Ziel und werde eines Tages eine Überraschung für Sie haben!“

Kapitel VII

Im Freien

IN NEW ORLEANS wird die Karnevalssaison immer kurz nach Weihnachten mit dem Ball der Twelfth Night Revelers eröffnet und mit dem Ball der Krewe of Comus am Mardi Gras-Abend abgeschlossen. An diesem Abend des „fetten Dienstags" halten sowohl Rex als auch Comus durch. Rex ist der beliebte Ball, die Angelegenheit des Volkes und findet im Athenäum statt. Von hier aus begeben sich der König und die Königin gegen Mitternacht zum Comus-Ball.

Comus ist eine Versammlung von so strenger Exklusivität, dass selbst die Eintrittskarten für die Galerien als gesellschaftliche Preise gelten. Die *Persönlichkeiten* der Krewe blieben in diesem Jahr wie in allen vorangegangenen Jahren unbekannt; Bei Comus gibt es keine Demaskierung. Diese Institution, eine enorme gesellschaftliche Macht und potenziell auch eine finanzielle Macht, wird während der Jahrzehnte des Bestehens der Stadt absolut über jeden Makel der Günstlingswirtschaft oder Kommerzialisierung erhaben gehalten. Selbst die Familien der Betroffenen waren sich möglicherweise nicht immer sicher, ob ihre Söhne und Brüder zur Krewe von Comus gehörten.

Henry Gramont nahm am Montagabend nicht am Ball des Proteus teil. Stattdessen saß er in seinem eigenen Zimmer, während draußen in den Straßen des French Quarters der Karneval auf seinem Höhepunkt tobte. Vor ihm lagen Karten und Berichte über die Gas- und Ölfelder rund um Bayou Terrebonne – Felder, in denen sich bereits große Erdgasvorkommen befanden und genutzt wurden und in denen Öl in gewissen Mengen gefunden wurde. Am frühen Mittwochmorgen wollte Gramont mit seiner Arbeit beginnen. Er war damit beauftragt worden, der Firma von Bob Maillard einen Bericht zu erstatten, und er würde es schaffen. Dann würde er seinen Beraterjob aufgeben und frei sein. Ein Lächeln verzog sich um seine Lippen, als er an den jungen Maillard und die Firma dachte.

„Der junge Herr wird traurig überrascht sein, wenn er erfährt, dass ich von unten herausgekommen bin – und dass sein angesehener Vater meine Anteile hält!" er überlegte. „Das war ein gutes Geschäft; ich habe tausend an den alten Maillard verloren, um den Rest von dreißigtausend zu retten!"

Ein Klopfen an seiner Tür unterbrach diesen Gedanken . Gramont öffnete und fand den Concierge mit einem Zettel vor, den ein maskierter Harlekin an der Tür unten hinterlassen hatte, der dann verschwunden war, ohne auf eine Antwort zu warten.

Gramont erkannte die Aufschrift auf dem Umschlag und eilte zu der darin enthaltenen Notiz. Sein Gesicht veränderte sich jedoch, als er es las:

Bitte rufen Sie morgen früh um elf Uhr an. Ich möchte Sie in einer geschäftlichen Angelegenheit sehen.

LUCIE LEDANOIS.

Gramont blickte lange auf diese Notiz und zog die Brauen zu einer strengen Linie zusammen. Irgendwie war es in seinem Ton nicht wie Lucie; Er spürte, dass etwas nicht stimmte, etwas vage, aber entschieden verstimmt. Sicherlich war es nicht ihre Art, so knapp und barsch zu schreiben – die Worte beunruhigten ihn. Was könnte jetzt da gewesen sein? Dann warf er achselzuckend den Zettel auf den Tisch.

„Morgen früh um elf, was?" er murmelte. „Das ist auch seltsam, denn sie soll heute Abend beim Proteus-Ball sein. Die meisten Mädchen würden um elf Uhr morgens keine geschäftlichen Angelegenheiten erledigen, nachdem sie die ganze Nacht im Proteus verbracht haben! Es muss etwas Wichtiges sein. Außerdem ist sie es nicht." in der Klasse mit jedem anderen. Sie ist ein seltenes Mädchen; kein Unsinn in ihr – voller einem tiefen, starken Gespür für die Dinge –"

Er drängte sich von den Gedanken an Lucie, von ihrer Persönlichkeit und wandte sich mit Mühe und Konzentration wieder seinen Berichten zu.

Gramont wollte ihr Terrebonne-Land mit umfassendem Wissen über dessen Geologie und Lage in Augenschein nehmen. Ölbohrungen sind in jedem Fall ein Wagnis, doch Gramont empfand die große Genugtuung eines Gelehrten darin, sein Fach gründlich in die Hand zu nehmen, bevor er sich an die Arbeit machte. Dann, überlegte er, würde er seine Aufgabe so schnell wie möglich erledigen, seinen Bericht abgeben und aus dem Unternehmen ausscheiden. Danach – Freiheit! Er bereute es zutiefst, jemals Beziehungen zu Maillards Firma eingegangen zu sein.

„Aber was hindert mich in der Zwischenzeit daran, weiterzumachen?" Er überlegte. „Was hindert mich daran, meine eigene Firma auf die Beine zu stellen? Nichts! Alles, was ich brauche, ist Unterstützung. Ich werde 25.000 einzahlen, und noch viel mehr dazu wird uns reichlich Kapital geben, mit dem wir mit den Bohrungen beginnen können. Wenn Ich könnte jemanden finden , der ein positives Vertrauen in mein Urteilsvermögen hatte und dem ich wiederum vertrauen konnte –"

Er beherrschte sich plötzlich und starrte mit großen Augen auf die Papiere vor ihm. Ein langsamer Pfiff kam von seinen Lippen, dann lächelte er und zog die Papiere zu sich. Doch während er arbeitete , konnte er den

Gedanken, der sich ihm aufgedrängt hatte, nicht unterdrücken. Es war natürlich völlig absurd – aber warum nicht?

Als Gramont an diesem Abend zu Bett ging, hatte er einen verblüffenden und kühnen Plan im Kopf, der ihm klar definiert war. ein Plan, dessen erste Vorstellung lächerlich und unmöglich schien, der jedoch bei zweiter Betrachtung in einem ganz anderen Licht erschien. Es verdiente ernsthaftes Nachdenken – und Gramont hatte seine Entscheidung getroffen, bevor er schlafen ging.

Der folgende Tag war Dienstag – Karneval, Faschingsdienstag, der letzte Tag vor Beginn der Fastenzeit und der letzte Höhepunkt des Karnevals. Henry Gramont war jedoch dazu bestimmt, zunächst wenig persönliches Vergnügen zu finden.

Um elf Uhr morgens fuhr Hammond ihn zum Haus der Ledanois , wo Gramont von einem der Farbigen aufgenommen wurde Diener wurden in den Salon geführt . Einen Moment später erschien Lucie selbst. Auf den ersten Blick zerstreute ihre lächelnde Begrüßung Gramonts halbherzige Befürchtungen . Fast unmittelbar danach bemerkte er jedoch eine spürbare Veränderung in ihrem Verhalten, als sie ihn in den hinteren Teil des Raumes führte und auf einen Mahagonitisch mit kippbarer Platte deutete, der in einer Ecke stand.

„Kommen Sie bitte hierher. Ich habe etwas, das ich Ihnen zeigen möchte.“

Sie musste nichts mehr sagen. Gramont folgte ihr und starrte ausdruckslos auf das Symbol der Bestürzung, das ihn überwältigte. Denn auf diesem Tisch lagen dieselben Kisten, die er selbst mit der Beute der Mitternachtsmaske gepackt hatte – die identischen Kisten, offenbar ungeöffnet, die der angebliche Dieb Chacherre aus seinem Auto gestohlen hatte !

Einen Moment lang konnte Gramont nicht sprechen. Der Anblick dieser unverkennbaren Kisten versetzte ihn ins Schwärmen. Ein Blick auf die ruhigen Gesichtszüge des Mädchens zeigte ihm, dass es nichts vor ihr zu verbergen gab, selbst wenn er es gewollt hätte. Er war von dieser Erkenntnis noch mehr verblüfft. Er konnte nicht verstehen, wie die Pakete hierher gekommen waren. Mit Mühe erlangte er seine Stimme wieder und schaffte es, die tiefe Stille zu durchbrechen.

„Nun? Ich nehme an, Sie wissen, was in diesen Paketen ist?“

Sie nickte. „Ja. Einer von ihnen wurde geöffnet und der darin enthaltene Zettel wurde entdeckt. Natürlich gab er eine allgemeine

Erklärung. Würden Sie sich bitte setzen? Ich denke, wir sollten es besser ruhig und gelassen besprechen."

Gramont gehorchte und ließ sich auf einen Stuhl fallen.

Er war sich seiner eigenen Verwirrung absurderweise bewusst. Er versuchte zu sprechen, aber Worte und Gedanken versagten ihm. Hin- und hergerissen zwischen Stolz und Kummer, konnte er nichts sagen. Erklärungen fielen ihm jederzeit schwer; Jetzt hatte er zumindest das Gefühl, dass er dieses Mädchen nicht anlügen konnte. Und wie sollte er ihr die Wahrheit sagen?

Und wie war Lucie in die Affäre geraten? Das verblüffte ihn mehr als alles andere. Steckte sie hinter dem Diebstahl der Beute? Es muss sein. Wie lange hatte sie ihn denn schon verdächtigt? Er hatte geglaubt, Jachin Fell sei der einzige Gefahrenpunkt – er hätte nie gedacht, dass diese grauäugige Athene der Maske auf die Spur kommen könnte! Er versuchte, sich die Situation klarer vorzustellen , und sein Gehirn wirbelte herum. Er wusste natürlich, dass sie mit Fell ziemlich vertraut war, aber er war sich keiner besonderen Verbindung bewusst ...

Er blickte plötzlich zu ihr auf und überraschte ein Lachen in ihren Augen, als sie ihn beobachtete.

„Sie scheinen ziemlich erstaunt zu sein", bemerkte sie.

"Ich bin." Gramont holte tief Luft. „Du – weißt du, dass diese Kartons aus meinem Auto gestohlen wurden?"

Sie nickte erneut. „Sicherlich. Sie wurden zu mir gebracht."

„Dann war mir jemand auf der Spur?" Gramont errötete leicht, als er ihr die Frage stellte.

„Nein. Ich bin ausgewählt worden, die Angelegenheiten mit Ihnen zu regeln, das ist alles. Aus der Notiz in der geöffneten Kiste geht hervor, dass Sie bei dem, was Sie getan haben, nicht kriminell waren."

Sie beugte sich vor, ihre tiefen Augen suchten ihn mit festem Blick.

„ Sagen Sie mir, Henry Gramont , welcher verrückte Impuls hat Sie zu all dem gebracht? War es ein alberner, jungenhafter Versuch, romantisch zu sein – war es nur ein Ausbruch von Tapferkeit? Es geschah nicht aus Raubgründen , wie in der Notiz sehr deutlich erklärt wurde." . Aber warum dann? Warum? Es muss einen eindeutigen Grund in Ihrem Kopf gegeben haben. Sie wären solch gefährliche Risiken nicht eingegangen, wenn Sie nicht etwas zu gewinnen hätten!"

Gramont nickte leicht, dann errötete er erneut und biss sich auf die Lippe. Einen Moment lang antwortete er nicht auf ihre Frage.

Er könnte natürlich sagen, dass er allein wegen ihr der Mitternachtsmasker gewesen sei; was entschieden unwahr wäre. Er könnte ihr erzählen, wie er es Hammond erzählt hatte, dass alle seine Bemühungen zu dieser Szene in der Maillard-Bibliothek geführt hatten, wo er ohne Verdacht aller Beteiligten seine eigene Vermutung darüber überprüfen konnte, wer Lucie Ledanois betrogen hatte . Es würde sehr gut klingen – aber es wäre eine Lüge. Das war bei weitem nicht sein einziger Grund gewesen, das Spiel des Mitternachtsmaskers zu spielen.

Aber warum sollte man ihr etwas erzählen?

Ein leichtes Lächeln umspielte seine Lippen. „Du wirst mich nicht ins Gefängnis schicken, vertraue ich?"

"Ich sollte!" Das Mädchen brach in Gelächter aus. „Nun, ich kann noch kaum glauben, dass Sie es wirklich waren, die sich dieser Dinge schuldig gemacht haben! Es hat mich beschämt, es hat mich verblüfft – bis mir aus der Notiz die Wahrheit klar wurde. Selbst die Tatsache, dass Sie es nicht aus kriminellen Gründen getan haben, tut es nicht von der reinen Torheit dieser Tat entlasten. Warum hast du das getan? Komm, sag mir die Wahrheit!"

Gramont zuckte mit den Schultern. „Die Wahrheit? Nun, mein Chauffeur Hammond war der ursprüngliche Masquer. Ich habe ihn auf frischer Tat ertappt – erinnerst du dich, dass ich dir von ihm erzählt habe? Nachdem ich ihn in meinen Dienst gestellt hatte, wurde ich der Masquer. Der arme Hammond brauchte einige Zeit, um es zu begreifen dass meine Motive altruistisch und nicht kriminell waren. Er war darüber ziemlich beunruhigt, bis er herausfand, dass ich vorhatte, die gesamte Beute unversehrt zurückzugeben.

„Warum hast du es dann getan?" beharrte das Mädchen.

„Nennen Sie es Tapferkeit, meine liebe Lucie. Nennen Sie es, wie Sie wollen – ich kann Sie nicht anlügen! Ich hatte ein Motiv und ich weigere mich zuzugeben, was es war; das ist alles."

„Schämst du dich nicht?"

"Nicht besonders." Er lächelte. „Ich hatte ein gutes Ziel vor Augen, und ich habe es geschafft. Außerdem schmeichele ich mir, dass ich es sehr anständig geschafft habe; es gibt nichts Schöneres, als ein guter Arbeiter zu sein, wissen Sie. Jetzt, wo ich am Ende bin , jetzt , wo ich fertig bin." Als ich mein kleines Spiel beendet habe, hast du es zufällig entdeckt. Ich schäme mich in diesem Punkt, Lucie – beschämt, weil die Entdeckung ganz natürlich dazu geführt hat, dass du hart über mich denkst – „

„Ich denke, du warst sehr albern", sagte sie mit einer beunruhigenden Ruhe. Er betrachtete sie einen Moment lang fest. „Und Sie haben einen erschreckenden Mangel an Urteilsvermögen an den Tag gelegt!"

„Dumm? Nun ja – vielleicht. Was wirst du mit diesen Kisten machen?"

„Ich schicke sie per Post. Ich fahre zum Mittagessen in die Innenstadt und werde es dann tun. Sie werden heute Nachmittag zugestellt."

Er nickte. „Ich hatte vorgehabt, sie morgen liefern zu lassen; das macht keinen Unterschied. Du bist der Boss. Das wird den guten Leuten heute Abend ein bisschen mehr Grund zum Jubeln geben, nicht wahr?"

Ein plötzliches Lachen brach auf seinen Lippen. „Ich fange an, den Humor darin zu verstehen, Lucie – und ich weiß, wer dich neben mich gestellt hat. Es war Jachin Fell, der alte Fuchs! Ich vermutete, dass er mir auf der Spur war, und dachte, dass er es geschafft hatte „Ich wollte ihm heute Nachmittag eine große Überraschung bereiten. Aber sag mal, Lucie – bist du wütend?"

Sie sah ihn eine Weile fest an, dann breitete sich ein schnelles Lächeln auf ihren Lippen aus und sie streckte eine verzeihende Hand aus. Ihre Gesten und Worte waren impulsiv und aufrichtig.

„Wütend? Nein. Ich glaube, du hast einen guten Grund dafür, den du mir nicht anvertrauen willst. Ich kann dich ziemlich deutlich lesen, Henry Gramont ; ich glaube, ich kann einige Dinge in dir verstehen. Du bist nein." Schwächling, kein romantischer, filibusterischer Idiot! Und ich mag dich, weil du mich nicht anlügst. Du hast ein Motiv und weigerst dich, es zu verraten – na gut! Ich werde genauso offen sein und sagen, dass ich es nicht bin ein bisschen wütend. So, das ist geklärt!

„Was war nun die große Überraschung, die Sie dem armen Mr. Fell heute Nachmittag schenken wollten?"

Gramonts Augen funkelten. „Erinnern Sie sich, dass ich dachte, er verdächtigte mich, der Masker zu sein? Nun, ich wollte zu ihm gehen und vorschlagen, dass wir gemeinsam Geschäfte machen."

„Oh! Als Banditen?"

„Nein, als Ölförderer. Ich scheide aus Maillards Unternehmen aus oder werde es bald verlassen. Sobald ich ausscheide, kann ich mich selbstständig machen. Mir kam der Gedanke, dass Jachin fallen würde Hätte er genug Verstand, um die Midnight Masquer aufzuspüren , wäre er ein wirklich guter Geschäftspartner; denn ich bin ein Mangel an geschäftlichen Details. Außerdem denke ich, dass man Fell vertrauen kann. Die Dinge, die Sie mir über ihn erzählt und geschrieben haben beweisen das. Er ist politisch sehr stark, wie ich herausgefunden habe – auch wenn das nur wenige Menschen wissen."

„Aber er interessiert sich nicht für Öl , oder?"

„Ich weiß es nicht; ich gehe davon aus, dass er daran interessiert ist, Geld zu verdienen. Die meisten Männer sind daran interessiert. Die einzige Möglichkeit, mit Öl Geld zu verdienen, besteht darin, Geld zu haben – und er hat welche! Ich habe ein wenig. Ich kann zwanzig investieren." - fünftausend. Mit der gleichen Menge von ihm können wir ein paar Brunnen bohren, vielleicht drei. Wenn wir pleite gehen, ist das in Ordnung. Wenn wir Öl finden, sind wir reich!"

„Aber, mein lieber Henry, wenn er wüsste, dass du der Mitternachtsmasker bist, denkst du, er würde mit dir Geschäfte machen wollen?" Ihre grauen Augen tanzten vor Belustigung, als sie die Frage stellte.

"Warum nicht?" Gramont lachte. „Wenn er wüsste, dass ich genug Verstand hätte, um diesen Stunt zu schaffen und ganz New Orleans in der Luft zu halten – wäre ich dann nicht ein guter Partner? Außerdem glaube ich, dass ich eine Vorstellung davon habe , wohin ich nach Öl gehen soll; ich' „Ich werde zuerst Ihr Land untersuchen –"

„Mein guter Prinz, an Kühnheit mangelt es dir bestimmt nicht!" Sie brach in schallendes Gelächter aus. „Ihr Argument, Mr. Fell dazu zu bringen, mit Ihnen Geschäfte zu machen, ist naiv –"

„Aber ist das als Argument nicht ganz stichhaltig?"

„Möglicherweise. Da es Lucie Ledanois und nicht Jachin Fell ist, die Sie zu einem Geständnis Ihrer Verbrechen gegen die Gesellschaft gebracht hat – werden Sie ihr nicht vorschlagen, mit Ihnen Geschäfte zu machen? Gilt das Argument nicht für sie? "

Obwohl Gramont verblüfft war, erwiderte er ihren Blick direkt.

„Nein. Öl ist kein Frauenspiel, es sei denn, sie kann es sich durchaus leisten, zu verlieren. Ich kann mir vorstellen, dass das nicht möglich ist, Lucie. Sobald ich jedoch meine Firma gegründet habe –"

„Du hast recht, ich kann kein Geld investieren. Ich bin arm an Land. Es sei denn, ich würde das Land in Bayou Terrebonne verkaufen – es ist eine alte Farm, die seit dem Tod meines Vaters verlassen wurde –"

„Verkaufen Sie es nicht!" rief er schnell aus. „Erwägen Sie keine Geschäfte damit, bis ich es mir angesehen habe, oder?"

in der Nähe Gas gibt , muss es Öl geben."

"Wer weiß?" Er zuckte mit den Schultern. „Niemand kann Öl vorhersagen."

mit deinem Plan immer noch nach Jachin Fell gehen ?"

Gramont nickte. „Ja. Sehen Sie, Lucie – es ist ungefähr Mittag! Angenommen, Sie kommen vorbei und essen mit mir im Louisiane zu Mittag , wenn Sie nicht verabredet sind. Wir können diese Kisten unterwegs in die Post werfen , und nach dem Mittagessen werde ich es versuchen Ergreife Fell."

Sie legte den Kopf auf die Seite und musterte ihn nachdenklich.

„Sind Sie sicher, dass Sie mich nicht entführen oder so etwas? Es ist riskant, ein Freund von hartgesottenen Kriminellen zu werden, selbst wenn man versucht, sie aufzurichten."

„Gut! Du kommst?"

„Wenn Sie mir zehn Minuten geben können –"

„Meine liebe Lucie, du bist in diesem Moment das bezauberndste Objekt in New Orleans! Warum solltest du versuchen, dich noch attraktiver zu machen? Die Lilie zu vergolden ist eine unmögliche Aufgabe."

„Na, warte auf mich. Ist dein Auto hier? Gut! Ich möchte Hammonds Gesicht sehen, wenn er sieht, wie wir diese Kisten tragen."

Lachend ging das Mädchen zur Treppe. An der Tür blieb sie stehen.

„Eines noch, M. le Prince! Versprechen Sie feierlich, bei Ihrer Ehre , dass der Mitternachtsmasker für immer tot ist ?"

„Bei meiner Ehre !" sagte Gramont ernst. „Die Farce ist zu Ende, Lucie."

„In Ordnung. Ich bin gleich unten. Rauchen Sie, wenn Sie möchten – "

In ihrem eigenen Zimmer oben schloss Lucie die Tür und setzte sich vor ihren Frisiertisch. Sie machte jedoch keine Anstalten, sich den Toilettenartikeln zuzuwenden. Stattdessen nahm sie ein Tischtelefon vom Tisch und wählte eine Nummer. Einen Augenblick später erhielt sie eine Antwort.

„Onkel Jachin !" rief sie aus. „Ja – es ist genau so, wie wir dachten; es ist alles ein Witz. Nein, es war auch kein Witz, denn er hatte irgendein Motiv dahinter, aber er will mir nicht sagen, was es war. Ich bin furchtbar froh, dass du öffnete einen dieser Kartons und fand den Brief – wenn Sie zur Polizei gegangen wären , wäre es absolut schrecklich gewesen – –"

„Ich gehe nie zur Polizei", sagte Jachin Fell mit seinem trockenen Lachen. „Sie sind also völlig davon überzeugt, dass die Angelegenheit nichts Ernstes ist?"

„Absolut! Er sagte mir, dass er sein Ziel erreicht hatte, was auch immer es war, und dass alles zu Ende ist. Er gab mir nur sein Wort, dass der Masquer für immer tot sei. Sind Sie nun nicht froh, dass Sie sich mir anvertraut haben?"

„Sehr", sagte Jachin Fell. „Sehr froh, wirklich!"

„Jetzt lachst du mich aus – egal! Wir gehen zum Mittagessen in die Innenstadt und verschicken die Kartons unterwegs per Paketpost. Ist das in Ordnung?"

„Ganz gut, meine Liebe. Das ist die Methode, die von den exklusivsten und schwer fassbaren Kriminellen im Land angewandt wird, das versichere ich Ihnen. Jeder Handtaschendieb wird seine leeren Taschen los, indem er sie per Post an den Besitzer zurückschickt – es sei denn, er wird zuerst erwischt. Es Es lohnt sich, professionellen Beispielen zu folgen, wie Eliza sagte, als sie das Eis überquerte. Ist Ihr Kleid für heute Abend gekommen?"

„Es soll heute Nachmittag kommen."

„Sehr gut. Habe nicht vor, irgendwelche Juwelen zu tragen, Lucie. Ich habe dir für diesen Anlass ein Set zu leihen – nein, kein Geschenk, nur eine Leihgabe für Comus. Es sind sehr schöne Perlen, ein wenig altmodisch." , weil sie für die Prinzessinnen von Lamballe angefertigt wurden , aber Sie werden feststellen, dass sie ausgezeichnet zu Ihrem Kleid passen. Ich werde sie mitbringen, wenn ich Sie abrufe –"

„Und dann werde ich mich gebührend bedanken. Noch etwas: Henry Gramont wird dich nach dem Mittagessen sehen, glaube ich – geschäftlich. Und ich möchte, dass du nett zu ihm bist, Onkel Jachin ."

„Mit Sicherheit", sagte der andere trocken. „Ich möchte mit diesem jungen Mann geschäftlich zusammenarbeiten. Die Firma würde florieren."

„Hörst du auf, über mich zu lachen? Dann höre ich auf – auf Wiedersehen!"

Und lächelnd legte sie den Hörer auf.

Zehn Minuten später, als Gramont und Miss Ledanois das wartende Auto betraten, sah Hammond die Kisten, die sie trugen. Er stand gelähmt neben der offenen Tür, den Blick auf die Kisten gerichtet, den Mund offen.

„Zum Postamt , Sergeant", sagte Gramont und tat dann so, als ob er seine Verblüffung bemerkte. "Warum, was ist los?"

Hammond begegnete seinen funkelnden Augen, sah das Lachen von Lucie und schluckte schwer.

„Ich – äh – überhaupt nichts, Kapitän ", antwortete er heiser. „Ein – ein kleiner Erstickungsanfall , das ist alles. Postamt ? Ja, Sir."

KAPITEL VIII

Comus

Von dem Zeitpunkt an, als sie mit Lucie das Ledanois -Haus verließen, hatte Gramont keine Gelegenheit, seinen Chauffeur privat zu sehen, bis er später am Nachmittag das Maison Blanche-Gebäude verließ. Er hatte ein rundum zufriedenstellendes Interview mit Jachin Fell genossen . Gramonts Gedanken hatten sich tatsächlich so sehr auf das Geschäft konzentriert, dass es fast ein Schock war, als er in die Canal Street kam und feststellte, dass alle anderen auf der Welt nur an den Wasserkarneval und die Rex-Parade dachten.

Was die Mitternachtsmaske und das Geheimnis der Beutekisten betrifft, so war Gramont das alles völlig aus dem Kopf gegangen, bevor es um größere und wichtigere Dinge ging. Das Auto wartete in der Royal Street, nicht weit vom Monteleone entfernt, auf ihn, und Gramont näherte sich ihm und stellte fest, dass Hammond zutiefst besorgt über den Ausgang des Interviews mit Fell war.

„Na ja, Käpt'n !" rief er ängstlich, als Gramont herankam. „Du lächelst , also ist es wohl kein Problem!"

Gramont lachte fröhlich. „Diese Kisten? Unsinn! Sagen Sie mal, Sergeant, Sie müssen sich vor Angst erschreckt haben, als Sie sie sahen!"

„Angst? Ich war kurz davor zu scheitern, das ist alles! Und wie zum Teufel sind sie in *ihr* Haus gekommen? Was steckt dahinter?"

Gramont blickte sich um. Er ging mit Hammond zur Vorderseite des Wagens, wo er sprechen konnte, ohne von den Passanten belauscht zu werden.

„Es scheint, dass ich mich mehr oder weniger geirrt habe, dass Fell uns auf der Spur war", erklärte er nachdenklich. „Wir hatten ein sehr offenes Gespräch darüber, und er bestritt jegliche Kenntnis von den Kisten selbst. Aus den kleinen Dingen, die er fallen ließ, konnte ich schließen, dass irgendein Krimineller die Sachen aus dem Auto geplündert hatte und dass er gestern gerichtlich darauf aufmerksam geworden war." ——"

„Rechtsfähigkeit, verdammt!" schnaubte Hammond. „Hast du das alles geschluckt?"

„Mein Schluckvermögen war ziemlich gut", und Gramont kicherte. „Anscheinend öffnete er eine der Kisten und fand die Notiz , die ich geschrieben hatte. Das erklärte das Geschäft, und als kleinen Scherz übergab er die Beute Miss Ledanois , und sie hatte ein bisschen Spaß mit uns. Fiel Tatsächlich erwies er sich als ein ziemlich guter Kerl –"

„Er hat dir auf jeden Fall eine tolle Bullenlinie gegeben!" kommentierte Hammond wütend. „Was mich erregt, ist, dass du auf all das Zeug hereingefallen bist! Sieht aus, als wolltest du ihm glauben, Käpt'n ."

„Vielleicht habe ich es getan." Gramont zuckte mit den Schultern. „Warum nicht? Ich habe keinen Grund, ihm nicht zu glauben. Die Notiz machte deutlich, dass wir keine Kriminellen waren; jetzt ist die ganze Angelegenheit geklärt und aus dem Weg geräumt. Wenn Sie fragen, sind wir gut aus der Sache herausgekommen." Mich!"

„Da haben Sie etwas gesagt", stimmte Hammond zu, nicht ohne erleichtert zu seufzen. „Also gut, wenn du das sagst, nur bin ich mir bei diesem Fell nicht sicher –"

„Mach dir keine Sorgen. Das Zeug ist zurück, und die Angelegenheit ist nun abgeschlossen. Wir können den Mitternachtsmasker vergessen. Nun gibt es noch eine andere und wichtigere Sache, über die ich mit dir sprechen möchte, eine geschäftliche Angelegenheit – "

„Warte, Kapitän !" unterbrach Hammond leise , sein Auge auf eine Stelle hinter Gramont gerichtet . „Einer deiner Freunde ist auf dem Weg hierher, und wenn ich etwas darüber weiß, hat er Blut im Auge."

Gramont drehte sich um und sah Bob Maillard auf sich zukommen. Dieser wandte sich an ihn, ohne auf seine Begrüßung eine Antwort zu geben.

„Haben Sie einen Moment Zeit, Gramont ?"

„Den ganzen Nachmittag", antwortete Gramont fröhlich. Er tat so, als ob er Maillards geschäftstüchtige Miene nicht wahrnahm, ebenso wenig den finsteren Verdacht, der halbverhüllt in den finsteren Gesichtszügen des anderen lauerte. „Übrigens habe ich erfolglos nach einem Wahrzeichen von New Orleans gesucht – dem Gin-Fizz-Etablissement Ramos. Es scheint verschwunden zu sein!"

„Das ist es", erwiderte Maillard säuerlich. „Die Prohibition hat es getötet, als würde sie alles töten. François ist letzten September von Old 27 in das Lokal gezogen, und jetzt ist es sein Restaurant. Aber schau mal, Gramont !" Die beiden standen etwas voneinander entfernt und Hammond beschäftigte sich mit einem der Scheinwerfer, aber Gramont vermutete, dass der Chauffeur gespannt zuhörte. „Ich komme gerade von einem Gespräch mit Papa. Wie kam es, dass du ihm deine Aktien der Firma verkauft hast?"

Gramont lächelte ein wenig. Es amüsierte ihn, wie Maillard sich bemühte , einen Ausbruch wütender Leidenschaft zu unterdrücken.

„Ich brauchte das Geld zufällig. Warum?“

„Aber warum zum Teufel hast du nicht an dieser Aktie festgehalten? Oder wenn du Geld brauchtest, warum bist du nicht zu mir gekommen?“ explodierte der andere wütend.

„Himmel!“ sagte Gramont gedehnt , der durchaus bereit war, den jungen Maillard bis zum Äußersten zu verärgern. „Du scheinst furchtbar besorgt darüber zu sein! Was ist überhaupt die große Idee? Ich kann mich nicht erinnern, dass einer von uns eine Vereinbarung getroffen hätte, nicht zu verkaufen, wenn wir wollten. Ich habe deinem Vater die Aktie mit einem Abschlag angeboten. Er hat das erkannt Es war ein guter Kauf und ich habe es angenommen. Was ist daran falsch?“

„Nichts Schlimmes, wenn man es so ausdrückt“, fauchte Maillard wütend. „Aber es ist eine verdammt schlaue Art, Dinge zu tun –“

„Jetzt warte einfach genau dort!“ Gramonts lockeres Lächeln verschwand. „Solche Reden lasse ich mir nicht gefallen, Maillard. Noch eine solche Anspielung, und du wirst heute Abend auf dem Ball eine Maske tragen müssen, das verspreche ich dir! Ich werde dir zeigen, wie schlau ich bin, mein Freund.“ ! Ich mache mich morgen früh auf den Weg, um mit der Arbeit an dem Bericht zu beginnen, mit dem ich beauftragt wurde . Wenn der Bericht eintrifft, ist mein Rücktritt damit verbunden.“

„In Ordnung. Dann lass es hier und jetzt kommen.“ Maillards Ton war hässlich. „Wenn man dir vorwirft, dass du unbedingt aus der Firma aussteigen willst, dann verschwinde!“

„Danke. Ich bin froh, von dem Job entbunden zu werden.“ Gramont drehte sich um und wandte sich an seinen Chauffeur. „Hammond, Sie werden sich gerne an dieses Gespräch erinnern, für den Fall, dass Ihre zukünftige Aussage benötigt wird –“

„Verdammt, was meinst du damit, so zu reden?“ brach Maillard aus. „Glaubst du, ich leugne es, dich zu feuern?“

„Ich möchte nicht, dass Sie irgendwelche Überlegungen zu meinen Handlungen anstellen, Maillard“, sagte Gramont ruhig. „Mein Kurs in dieser Angelegenheit ist vollkommen offen und korrekt, was mehr ist, als Sie von Ihren Taten behaupten können.“

"Was?" Maillard umklammerte seinen Stock und machte einen Schritt nach vorn, Wut zeichnete sich in seinem Gesicht ab. „Was zum Teufel meinst du?“

„Genau das, was ich sage – und vielleicht kann ich es beweisen. Erinnern Sie sich an den Ölkonzern, an den Sie Ihren geliebten Vater überredet haben, etwas von Miss Ledanois' Bayou-Land zu verkaufen? Erinnern Sie sich an die Immobiliengesellschaft, an die Sie ihn überredet haben, ihre St. Landry-Gemeinde zu verkaufen." Eigentum? Sie waren an beiden Unternehmen beteiligt. Ich kann mir nicht vorstellen, dass Sie Ihren Anteil an diesen Transaktionen offenlegen möchten. Außerdem verstehe ich vollkommen Ihre Empörung darüber, dass ich diese Aktie vor dem Absturz losgeworden bin, und es steht Ihnen nicht gut eine solche Haltung einzunehmen.

Maillard starrte ihn einen langen Moment lang an, und eine rote Welle der Wut strömte aus seinem schweren Gesicht und verebbte wieder. Dann, als er sich wieder unter Kontrolle hatte, drehte er sich um und ging ohne ein weiteres Wort davon.

"Hurra!" bemerkte Hammond, als er weg war. „ Käpt'n , dieser Kerl wird dich ein Leben lang enttäuschen! Ich wette, er würde dich gerne allein in einer dunklen Nacht treffen!"

Gramont schüttelte den Kopf. „Er ist ein böser Feind, klar. Hier, steig ins Auto!"

Er stieg neben Hammond ein.

„Fahren Sie nicht – ich möchte mit Ihnen sprechen. Jetzt, da Maillard mich von der Notwendigkeit befreit hat, seiner Firma Bericht zu erstatten, bin ich frei und froh darüber! Ich habe mit Mr. Fell über Geschäfte gesprochen , und ich soll meine eigene Firma haben.

"Mit ihm?" Hammond schniefte.

„Ja. Er verdoppelt sein Geld mit meinem, und wir werden auf einem Land, das Miss Ledanois gehört, nach Öl suchen . Es wird ein enges Unternehmen sein, und wenn wir auf Öl stoßen, haben wir alle drei eine gute Sache." . Wir gehen vielleicht pleite, und wir können reich werden. Wenn Sie etwas Geld von Ihrem Gehalt sparen und Lust auf ein Risiko haben, besorge ich Ihnen einen Teil der Aktien, sobald Mr. Fell alles in Ordnung gebracht hat. Sie kann darüber nachdenken –"

„Ich möchte nicht darüber nachdenken", unterbrach Hammond eifrig. „Ich bin dabei, hier und jetzt – und es ist wirklich sehr nett von Ihnen, Kapitän ! Sagen Sie, ich hatte vorher keine Gelegenheit, es Ihnen zu sagen, aber ich habe letzte Woche zweihundert aus der Lotterie gezogen ..." —"

"Lotterie!" Gramont sah ihn schnell an. „Welche Lotterie?"

Hammond sah ein wenig verlegen aus. „Na ja, es verstößt natürlich gegen das Gesetz, aber sie lassen sie trotzdem fahren. Ein paar der Chauffeure hier sind sich darüber im Klaren; sie haben letzte Woche ein paar

Münzen für mich hinterlegt, und wie ich schon sagte . Ich habe zweihundert herausgezogen. Ich habe das meiste davon übrig und habe etwas nebenbei gespart. Ich werde alles hineinstecken, nicht wahr?"

Gramont nickte. „Nun, wir werden später sehen. Sie haben bis zum Morgen frei, Sergeant. Ich gehe heute Abend als Gast der Lavergnes zum Comus-Ball , und sie werden nach mir rufen. Viel Spaß, halten Sie sich raus Gefängnis, und seien Sie bereit, um sechs Uhr morgens nach Terrebonne aufzubrechen.

Gramont überließ es Hammond, das Auto nach Hause zu nehmen, und machte sich auf den Weg zur Canal Street, um sich unter die Karnevalsmenge zu mischen und sein neu entdecktes Gefühl der Freiheit zu genießen. Jetzt, da er sein eigener Herr war, fühlte er sich wie ein neuer Mann.

Über Nacht, so schien es, waren alle Lasten von seinen Schultern gefallen. Über die Partitur des Midnight Masquer war er enorm erleichtert; das alles war vorbei und vergessen. Finanziell hatte er nichts Geringeres als einen meisterhaften Triumph erreicht. In geschäftlicher Hinsicht war er frei von allen Bindungen und konnte sich auf entschlossenes Handeln in seinem eigenen Namen und dem eines Partners freuen, dem er vollkommenes Vertrauen entgegenbringen konnte.

Infolgedessen begann er zum ersten Mal richtig Spaß am Karneval zu haben und stürzte sich in die wirbelnde Menschenmenge auf eine freie und unbeschwerte Art, die er seit Jahren nicht mehr kannte.

Es war der Moment, in dem der Karnevalsgeist ihn packte, und das tat er auch. Mit jungenhafter Hingabe spazierte er fröhlich durch die Straßen und tauschte Scherze und Konfetti, Stöße und Blasenschläge, Lachen und Küsse aus. Wahnsinn und rücksichtslose Fröhlichkeit lagen in der Luft, und Gramont nahm einen tiefen Schluck dieser jugendlichen Stärkungsmittel. Als er schließlich nach Hause in seine Pension ging, waren seine Füße wund, erschöpft, unordentlich und zerzaust – und sehr glücklich. Der Wein der menschlichen Kameradschaft ist ein guter Wein.

An diesem Abend war der Comus-Ball, das exklusivste Fest der exklusivsten Aristokratie des Südlandes, in dem Gebäude, in dem er stattfand, bis auf den letzten Platz gefüllt. Hier war für alle Gäste Abendkleidung vorgeschrieben. Allein die Krewe von Comus waren maskiert und kostümiert, in grotesken und prächtigen Kostümen, an denen seit Monaten gearbeitet wurde. Der Krewe ist im Süden das, was der Bohemian Club an der Westküste ist, mit der zusätzlichen Steigerung des Mysteriums.

Trotz der Feierlichkeiten der Krewe – trotz der glitzernden Juwelen, der barbarischen Kostüme, der Musik, der Aufregung – durchdrang die gesamte Versammlung ein undefinierbarer Hauch von Bedauern, fast von Traurigkeit. Dieses Gefühl war etwas, das man spüren und nicht definitiv beobachten konnte. Einige sagten später, es sei eine Vorahnung des schrecklichen Ereignisses gewesen, das sich in dieser Nacht ereignen würde. Falsch! Dies lag daran, dass der Comus-Ball zum ersten Mal seit vielen Generationen in einem der neueren öffentlichen Gebäude statt an seinem gewohnten Ort stattfand. Alle redeten davon. Sogar Maillard, der Bankier, dieser kalte Dollarmann, sprach unbehaglich darüber, als Gramont ihm im Raucherzimmer begegnete.

„Das sieht nicht nach Comus aus", sagte Maillard mit genervtem Stirnrunzeln. „Und wenn man daran denkt, dass wir gerade mit der Renovierung des Opernhauses fertig waren, als es niedergebrannt ist! Comus wird nie wieder derselbe sein."

„Ich wusste nicht, dass du solche Emotionen für eine Gebäuderuine empfinden kannst, Maillard", sagte Gramont leichthin. Der Bankier zuckte leicht mit den Schultern.

„Emotion? Nein. Bedauern! Keiner von uns, der in den Traditionen der Stadt aufgewachsen ist, aber das französische Opernhaus als das Zentrum unseres geschichtsträchtigen Lebens betrachtet. Du kannst es nicht verstehen, Gramont ; kein Außenstehender kann es." Übrigens, Sie haben Bob nicht gesehen? Er ist verkleidet, aber vielleicht hat er mit Ihnen gesprochen …"

Gramont verneinte die Frage und war etwas überrascht.

Es dauerte nicht lange, bis ihm klarer wurde, was der Verlust des alten französischen Opernhauses für die Versammlung bedeutete. Überall hörte er Vergleiche, bedauernde Anspielungen und Seufzer über die Tage, die nicht mehr waren.

Dieses heutige Gebäude war sicherlich eines der schönsten der Stadt, in jeder Hinsicht auf dem neuesten Stand, mit viel Platz – und doch sagten alle, dass Comus niemals derselbe sein würde. Über dem Opernhaus hing die Romantik vieler Generationen. Auch daran hatte die Zuneigung des Volkes mit einer Heftigkeit gehangen, die über alle Vernunft hinausgeht. Bekanntere Gebäude wie das Hotel Royale hatte man dem Verfall preisgeben dürfen, doch das Opernhaus war für den Karneval instand gehalten worden. Es war selbst – ein Wahrzeichen. Nichts anderes würde jemals so sein.

Von seinem Platz in der Lavergne-Loge aus begnügte sich Gramont am frühen Abend mit der gemeinsamen Rolle aller „Schwarzröcke": dem untätigen Zuschauen. Mehr als einmal sah er, wie Lucie Ledanois unter anderem vom schönen Geschlecht als Tanzpartnerin für ein Mitglied der Krewe gerufen wurde. Allerdings durfte keiner der männlichen Gäste an der

Feier teilnehmen , bis Rex und seine Königin eintrafen – um Mitternacht; Daher sah Gramont im Laufe des Abends fast nichts von Lucie.

Es gab zwangsläufig mehr oder weniger Besuch in Logen und Foyers und nicht wenig Faulenzen im Raucherzimmer. Das Gebäude war riesig und reich ausgestattet. Nur ein Teil davon wurde von der Krewe genutzt; der Rest blieb natürlich vorerst verlassen.

Auf der Suche nach rauchenden Begleitern traf Gramont auf viele seiner Bekannten, darunter Doktor Ansley und Jachin Fell. Um Fells angebotenes El Reys in einer etwas klareren Atmosphäre zu genießen, schlenderten diese drei gemeinsam in einen der ungenutzten Gänge, die zu anderen Teilen des Gebäudes führten. Sie öffneten ein Fenster und beobachteten die Menschenmenge, die unten auf der Straße zusammenströmte und mit zunehmender Stunde immer größer wurde, denn die Prozession von Rex würde durchaus sehenswert sein, und niemand hatte vor, in dieser Nacht der Nächte etwas zu verpassen.

Plötzlich, als die drei Männer näherkommende Schritte hörten, drehten sie sich um. In allen Fluren ging das elektrische Licht an und sie erkannten, dass die Person, die sich ihnen näherte, ein Mitglied der Krewe von Comus war. Es stellte sich heraus, dass er Bacchus auch einen Teil seiner Treue schenkte, denn seine Füße waren offensichtlich unsicher. Er war in ein zweifarbiges Kostüm gekleidet, das von einem übertriebenen Mephisto-Kopf gekrönt wurde .

„Guten Abend, würdige Herren!“ Er blieb verwirrt stehen und lachte über die Blicke der drei. „Abend, sage ich.“

Sie reagierten auf seine alkoholischen Worte mit einer lachenden Antwort.

„ Ich frage mich , wer ich bin, nicht wahr?“ er bekam Schluckauf . „Nun, wundern Sie sich nicht, heute Abend ist ein Treffen mit alten Freunden! Ich sage Ihnen was, meine Freunde – kommen Sie mit mir und ich besorge Ihnen etwas zu trinken , nicht wahr? Ehre , echter alter Boone - Zwicker – habe ihn von ein paar Jungs in Louisville bekommen, habe ihn für heute Abend aufgehoben. “

Er schüttelte den Kopf und verfolgte sein Thema mit einem halb rührseligen Ausbruch vertraulicher Sicherheit. Eine unsichere Hand winkte den Flur hinunter.

„Wir veranstalten eine kleine Party in einem der Räume“, fuhr er fort. „Wir alle Freunde – es macht viel mehr Spaß als zu tanzen ! Und sagen Sie ! Ich werde etwas Großartiges schaffen , absolut Großartiges; Sie wollen es nicht verpassen, meine Herren! Sie kommen mit mir und ich werde es reparieren." Du. Komm schon, Gramont , das ist ein guter Kerl! Du , ich hatte heute eine Meinungsverschiedenheit – egal heute Abend, nichts ist heute Abend wichtig, überhaupt nichts . Karneval gibt es nur einmal ein Jahr, nicht wahr? Komm jetzt mit."

Jachin Fell lehnte die Einladung sehr höflich ab, ebenso wie die anderen. Gramont , der ihren Schmäher nun erkannte, lehnte weniger höflich ab. Mephisto wedelte traurig mit seinem riesigen Kopfschmuck und betrachtete sie mit weinigem Bedauern.

„Keine Freude mehr in dir ? Komm besser mit. Sag dir, ich habe den größten Witz der Saison parat – etwas Reichhaltiges! Gramont , komm schon!"

„Danke, nein", antwortete Gramont knapp.

Der Maskierer gab den Kampf auf und ging weiter den leeren Flur entlang. Die drei „Schwarzmäntel" sahen schweigend zu, bis die groteske Gestalt verschwunden war.

„Ich frage mich jetzt, wer das war?" überlegte Doktor Ansley stirnrunzelnd. „Offensichtlich jemand, der uns kannte; zumindest hat er dich erkannt, Gramont ."

„ So schien es", warf Jachin Fell ein. In seinem Ton lag, genau wie in seinen Augen, ein düsteres Feuer. „Eine Gruppe von ihnen, die trinken, was? Das wird Ärger machen. Den Krewe wird es nicht gefallen. Zehn zu eins, dieser junge Mann und seine Freunde werden einen schönen Skandal anzetteln, und die Krewe werden hart gegen sie vorgehen …" mächtig hart. Wer war er, Gramont ? Hörte sich an wie –"

„Der junge Maillard." Auf Gramonts Antwort hin ertönte ein Pfiff von Doktor Ansley. Jachin Fell nickte zustimmend.

„Du hast mir die Worte aus dem Mund genommen. Bob trinkt also wieder, was? Und sie haben irgendwo eines der Zimmer besetzt und genießen ein bisschen Alkohol und ein Kartenspiel. Verfluchtes rutschiges Gehen, wie Eliza sagte als sie das Eis überquerte! Die Krewe werden sie vertreiben. Hallo, Gramont – wohin?"

Gramont warf seine Zigarre durch das offene Fenster.

„Ich denke, ich werde mich verabschieden, Fell. Ich habe vor, früh morgens aufzustehen und zur Arbeit zu gehen –"

"Was?" protestierte Ansley erstaunt. „Du musst zumindest bleiben, bis Rex kommt! Na ja, das ist das Ereignis des Karnevals! Der Abend hat noch nicht begonnen."

„Ich werde alt und nüchtern, Doktor", und Gramont kicherte. „Um die Wahrheit zu sagen ", und er warf Fell einen skurrilen Blick zu, „ich stecke bis über beide Ohren in ein paar neue Geschäftsangelegenheiten, die mich tatsächlich mit göttlicher Begeisterung entfacht haben. Außerdem habe ich mich den ganzen Nachmittag mit der Menge treiben lassen, und mir wird gerade erst klar, dass ich todmüde bin. Rex hin oder her, Rex, ich fürchte, ich sage am besten gute Nacht, meine Herren."

Gramont blieb bei seiner Absicht und wünschte den beiden anderen eine gute Nacht. Tatsächlich kümmerte er sich kaum um Rex, sondern sehr darum, frühmorgens nach Bayou Terrebonne aufzubrechen. Die Ölsache erfüllte seinen Geist. Er hatte tausend Pläne geschmiedet, war voller Begeisterung und wollte unbedingt seine Voruntersuchung durchführen.

Gramont in den Saal zurückkehrte, suchte er seine Gastgeber auf und verabschiedete sich, allerdings nicht ohne auf Widerstand zu stoßen. Endlich war er frei, hatte Hut und Mantel erhalten, und als er das Gebäude verließ, traf er erneut auf Fell und Ansley, die am Eingang ihre Zigarren austranken. Er sagte ihnen ein letztes Lebewohl und stürzte sich in die Menge.

Es fehlte eine halbe Stunde Mitternacht. Die Straßen waren voller Spaßmacher, die in Erwartung der Ankunft von Rex die Nacht mit Liedern, Schreien und Lärm erzeugenden Apparaten für Aufruhr sorgten. Fell und Doktor Ansley standen eine Weile da und unterhielten sich, dann warfen sie ihre Zigarren weg und gingen in das Gebäude.

Sie blieben im Foyer stehen, bevor zwei Männer auftauchten – Joseph Maillard, der äußerst aufgeregt aussah, und hinter ihm der alte Richter Forester, der einen deutlich besorgten Gesichtsausdruck trug.

„Ah, hier sind Fell und Ansley!" rief Maillard fast erleichtert aus. „Ich – äh – meine Freunde, ich nehme nicht an, dass Sie Bob in letzter Zeit gesehen haben?"

Ansley schwieg. Jachin Fell antwortete jedoch mit einem kalten, zustimmenden Nicken.

„Ja", sagte er in seiner eigentümlich tonlosen Art. „Ja, das haben wir. Zumindest glaube ich, dass er –"

„Ich mache mir Sorgen", sagte Maillard besorgt und hastig. Er machte eine ausdrucksstarke Geste der Verzweiflung. „Er ist natürlich kostümiert. Man hat mir zu verstehen gegeben, dass – nun ja, dass er – nun ja, getrunken hat."

„Das hat er", sagte Jachin Fell ohne jede Spur von Mitgefühl. „Einige der Krewe bewohnen einen der Räume des Gebäudes, und sie müssen ihn häufig besucht haben. Ich vertraue Ihnen zuliebe, dass die Tatsache im Inneren nicht allgemein bekannt geworden ist?"

Maillard nickte. Scham und Wut lagen schwer in seinen Augen.

„Ja, Jachin . Ich – ich wurde gebeten, meinen Einfluss auf Bob auszuüben. Die Bitte kam aus dem Saal zu mir. Das – das ist eine Schande, das zuzugeben, meine Freunde –"

Richter Forester legte auf seine freundliche Art seine Hand auf den Arm des Bankiers.

„Tut, tut, Joseph", sagte er sanft, mit einem Hauch von Mitgefühl in seiner Stimme. „Jungs bleiben Jungs, weißt du; das ist wirklich keine große Sache! Lass dich nicht so hart treffen. Ich gehe natürlich mit dir, um das Zimmer zu finden. Wo ist es, Jachin ?"

„Wir werden alle gehen", warf Ansley ein. „Wir werden selbst eine kleine Party veranstalten, meine Herren. Kommen Sie, ich glaube, wir werden den Ort entdecken können."

Die vier Männer verließen das Foyer und machten sich auf den Weg durch die Korridore. Unter ihnen herrschte ein stillschweigendes Verständnis, ein tiefes Mitgefühl für Joseph Maillard, ein Band, das sie dazu zwang, ihm in dieser Schande, die ihm widerfahren war, zu helfen. Jachin Fell, der das geringste Mitgefühl oder Mitleid empfand, verfluchte Bob Maillard – aber leise.

Sie gingen durch die leeren, beleuchteten Korridore und folgten der Richtung, in der Fell und Ansley den jungen Maillard verschwinden sahen.

„Ich habe gehört", sagte Richter Forester zu Doktor Ansley, während sie den anderen beiden folgten, „dass es heute erstaunliche Neuigkeiten von der Mitternachtsmaske gegeben hat. Es scheint, dass eine Reihe von Leuten heute Nachmittag Eigentum zurückerhalten haben – Plünderungen." Der Bandit hatte es mitgenommen. Es kam per Post, Sonderzustellung. Einer der Lavergne-Jungen erzählte mir, dass sie eine Kiste mit allem erhalten hatten, was bei ihnen zu Hause mitgenommen wurde, sogar Bargeld, mit einer Notiz, in der sie aufgefordert wurden, die Sachen ihren Gästen zurückzugeben. Es scheint schließlich eine Art Karnevalswitz gewesen zu sein.

bisschen Geld , das ich verloren habe , zurückzubekommen , obwohl ich sagen muss, dass ich die Geschichte glauben werde, wenn ich." sieh dir das Geld an——"

Er brach schnell ab.

Als sie um eine Ecke des Korridors zu den vier Männern bogen, wurde ihnen klar, dass sie ihr Ziel erreicht hatten. Aus einem der Räume vor uns erklangen Bruchstücke eines ausgelassenen Refrains, der kräftig brüllte. Als sie anhielten, um zu unterscheiden, von welcher Tür aus der Gesang begann, wurde der Refrain durch ein plötzliches und plötzliches Schweigen unterbrochen. Diese Stille wurde durch den vorangehenden Lärm noch verstärkt, als hätten die Sänger ihr rührseliges Lied mitten in der Karriere überprüft.

"Verdammt!" murmelte Maillard. „Haben sie uns kommen hören? Nein, das wäre ihnen egal – aber was hat sie so schnell aufgehalten?"

„Diese Tür", sagte Fell und zeigte auf eine zu ihrer Rechten. Er hielt inne und lauschte, und auf seinen Gesichtszügen zeichnete sich ein seltsamer Ausdruck ab. Als die anderen zu ihm kamen, hörten sie ein leises Stimmengemurmel, ein gedämpftes Gespräch und ein Rasseln, als eine Reihe von Chips vom Tisch fielen.

„Verfluchter Schwuler!" bemerkte Jachin Fell stirnrunzelnd. „Ich frage mich, was so plötzlich mit ihnen passiert ist? Vielleicht war der Deal abgeschlossen – sie haben ein Spiel. Nun, mach weiter, Joseph! Wir werden dich als Abordnung der Schwarzröcke unterstützen, und wenn du moralische Unterstützung brauchst Rufen Sie Richter Forester an.

"Richtig!" stimmte diesem Herrn würdevoll zu. „Ich gebe diesen Trotteln einen kleinen Rat! Das geht ein bisschen weit, so etwas; wir können nicht zulassen, dass Comus zu einer gewöhnlichen Sauferei wird. Bereit, Joseph?"

Er riss die Tür auf, und Maillard trat neben ihm ein. Dann blieben sie erschrocken stehen, als sie die Szene sahen, die sie erwartete.

Der Raum war groß und gut beleuchtet, Fenster und Oberlicht waren für diesen Anlass abgedunkelt. Tabakrauch bildete einen bläulichen Dunst in der Luft. In der Mitte des Raumes stand ein großer Tisch, übersät mit Gläsern und Flaschen, mit verstreuten Karten, mit Chips und Geld.

An diesem Tisch saßen ein halbes Dutzend Mitglieder der Krewe von Comus. Jetzt jedoch standen sie da, ihre unterschiedlichen Identitäten wurden von den grotesken Kostümen, die sie verhüllten, vollständig verborgen. Ihre Hände waren in der Luft.

An einer anderen Tür, auf halbem Weg zwischen ihrer Gruppe und der der vier unerwarteten Eindringlinge , stand der Mitternachtsmasker und hielt sie mit der Spitze seiner Automatik hoch!

Es herrschte einen Moment angespannter und angespannter Stille, während sich alle Blicke auf die vier Männer in Abendgarderobe richteten. Es war klar, was das ausgelassene Lied unterbrochen hatte – der Masker musste erst vor ein oder zwei Augenblicken aufgetaucht sein. Von Kopf bis

Fuß war er unter seiner Lederkleidung verborgen. Seine bis zur Unkenntlichkeit erkennbaren Gesichtszüge waren in diesem Moment leicht den vier Neuankömmlingen zugewandt. Es war offensichtlich, dass er, nicht weniger als die anderen, von diesem Eintrag erschreckt war.

Maillard war der Erste, der dieses verblüffte Schweigen brach.

„Beim Himmel!" er weinte wütend. „Hier ist wieder dieser verdammte Bösewicht – haltet ihn fest, ihr! An ihn, alle!"

In blinder Wut, außer sich gelassen durch die plötzlich aufkommende Leidenschaft, stürzte sich der Bankier nach vorne. Aus dem Banditen brach ein Schrei vergeblicher Warnung hervor; Die Pistole in seiner Hand richtete sich auf seinen Angreifer.

Diese Aktion löste das Ereignis aus. Vielleicht, weil die Masquer nicht sofort feuerte, und vielleicht, weil Maillards wahnsinnige Aktion sie beschämte, warfen sich die näherstehenden Mitglieder der Trinkgruppe auf den Banditen. Die Bedrohung durch die Waffe wurde in der überwältigenden Gier der Menschenjagd vergessen und unbeachtet gelassen. Es schien, als hätte der Kerl Angst davor, zu schießen; Und um ihn herum schloss sich die Gruppe in einer wogenden Masse zusammen, mit einem Ausbruch plötzlicher Schreie, die zuschlugen und sich festhielten, um ihn zu Boden zu ziehen und ihn auf die Füße zu stellen.

Als es dann so aussah, als hätten sie ihn kampflos im Griff, löste sich der Masquer von ihnen, fegte sie auseinander, warf sie weg und schleuderte sie weit weg. Er bewegte sich, als wollte er durch die Seitentür springen, aus der er gekommen war.

Mit einem Fluch warf sich Maillard nach vorne, schlug blind und wütend auf den Banditen ein und packte ihn um die Hüfte. Es gab einen Ansturm von Körpern, als die anderen sich zusammendrängten, um den Masquer niederzureißen, bevor er entkommen konnte. Damals sah es so aus, als wäre er tatsächlich verloren – bis die Automatik in seiner Hand flammte und dröhnte und ihre erstickenden Dämpfe auf sie strömten. Der Bericht donnerte im Raum; Ein zweiter Knall donnerte ohrenbetäubend, als eine zweite Kugel ihr Ziel suchte.

Wie ein schwaches Echo dieser Schüsse ertönte das Zuschlagen einer Tür. Der Masker war weg!

Hinter ihm stürmten einige aus der Gesellschaft in den hinteren Raum; aber er war völlig verschwunden. Von ihm fehlte jede Spur. Natürlich hätte er sich in einen der dunklen Räume verstecken oder den Korridor entlanglaufen können, doch sein völliges Verschwinden verwirrte die Suchenden. Nach einem Moment kehrten sie jedoch in den beleuchteten

Raum zurück. Der Maskierer war verschwunden, aber hinter ihm war ein noch grimmigerer und schrecklicherer Maskierer zurückgeblieben.

In dem Zimmer, das er gerade verlassen hatte, herrschte jedoch eine schreckliche Stille und Bestürzung. Einer der maskierten Trinker hielt einen Arm, der hilflos herabhing und von dem Blut tropfte; Aber sein Schmerz blieb unsichtbar und wurde nicht einmal von ihm selbst behandelt.

Doktor Ansley kniete über einer regungslosen Gestalt, die auf dem schmutzigen Boden lag; und es war die Figur von Joseph Maillard. Der Arzt blickte auf und stand dann langsam auf. Er machte eine schrecklich bedeutsame Geste und seine klare Stimme unterbrach die entsetzte Stille.

„Tot", sagte er knapp. „Zweimal geschossen – jede Kugel durchs Herz. Richter Forester , ich fürchte, es gibt keine andere Wahl, als die Polizei zu rufen. Meine Herren, Sie werden freundlicherweise entlarven – wer von Ihnen ist Robert Maillard?"

Inmitten einer fassungslosen und entsetzten Stille legten die Mitglieder der Krewe einer nach dem anderen ihre groteske Kopfbedeckung ab und starrten den Toten an, dessen weißes Gesicht mit grimmiger Anklage zu ihnen aufblickte. Aber keiner von ihnen meldete sich und behauptete, mit dem Toten verwandt zu sein. Bob Maillard war nicht im Raum.

„Ich denke", sagte die tonlose, gleichmäßige Stimme von Jachin Fell, „dass Sie alle, meine Herren, sehr vorsichtig sein sollten, nur das zu sagen, was Sie gesehen haben – und wissen. Sie werden freundlicherweise hier bleiben, bis ich die Polizei gerufen habe."

Er verließ den Raum, und falls sich in seinen Worten eine düstere Andeutung verbergen sollte, schien es niemand zu bemerken.

KAPITEL IX

Auf dem Bayou

Um drei Uhr morgens ist ein großes Bürogebäude vielleicht nicht der trostloseste Ort der Welt; aber es kommt dieser Definition sehr nahe.

Um drei Uhr am Morgen des Aschermittwochs war das große weiße Maison Blanche-Gebäude, was seine Büros betraf, verlassen und verlassen. Die Putzfrauen und Putzfrauen hatten ihre Arbeit längst erledigt und waren gegangen. Draußen auf den Straßen liefen die Enden des Karnevals auf einer rasch abebbenden Flut. Es war jedoch nur ein einziger Aufzug im Gebäude in Betrieb. Eine einzige Büroreihe mit sorgfältig heruntergezogenen Jalousien war beleuchtet und besetzt.

Sie waren nicht reich verziert, diese Büros. Sie bestanden aus zwei Räumen, einem kleinen Empfangsraum und einem großen Privatbüro, die beide bis zur Decke mit Büchern, hauptsächlich juristischen Büchern, ausgekleidet waren. Im großen Innenraum saßen drei Männer. Einer der drei, Ben Chacherre , saß mit geschlossenen Augen auf einem Stuhl, der nach hinten an die Wand gelehnt war. Von Zeit zu Zeit öffnete er seine funkelnden schwarzen Augen und warf durch schmale Lidschlitze scharfe Blicke auf die beiden anderen Männer.

Einer der Männer war der Polizeichef. Der zweite war Jachin Fell, dessen Büros dies waren.

„Selbst wenn die Dinge so sind, wie Sie sagen, was ich überhaupt nicht bezweifle“, sagte der Häuptling langsam, „ich kann nicht glauben, dass der Junge es getan hat! Und verdammt noch mal, wenn ich ihn zwicke, wird es passieren . “ ein verdammter Skandal!“

Fell zuckte mit den Schultern und antwortete mit seiner tonlosen Stimme:

„Chef, Sie stehen vor den Tatsachen. Diese Tatsachen werden bestimmt ans Licht kommen und die Zeitungen werden Ihre Haut in einer Minute an die Wand nageln. Sie haben kaum eine Chance, sich zu retten, indem Sie den jungen Maillard sofort aufnehmen.“

Der Häuptling kaute intensiv auf seiner Zigarre. „Ich möchte mich nicht dadurch retten, dass ich den falschen Mann hinter Gitter bringe“, entgegnete er. „Es sieht wirklich so aus, als wäre er die ganze Zeit der Maskierer gewesen, aber Sie sagen, dass er es nicht war. Sie sagen, dies sei sein einziger Job gewesen – ein Witz, der sich als schlecht herausstellte.“

„Das sind die Fakten", sagte Fell. „Ich möchte einem Mann keine Verbrechen vorwerfen, von denen ich weiß, dass er sie nicht begangen hat. Wir haben die besten Beweise dafür, dass er dieses Verbrechen begangen hat. Wenn die Zeitungen ihm die gesamte Midnight-Masquer-Affäre anlasten, was sie ganz sicher tun werden." Wir können nichts dagegen tun. Ich habe kein Mitleid mit dem Jungen."

„ Natürlich hat er es getan", warf Ben Chacherre schläfrig ein. „Wurde er nicht mit der Ware erwischt?"

Die anderen achteten nicht darauf. Der Chef zeigte auf zwei frühe Ausgaben der Morgenzeitung, die vor Fell auf dem Schreibtisch lagen. Diese Papiere enthielten ausführliche Berichte über die Rückgabe der Beute des Mitternachtsmaskers und erklärten seine Raubüberfälle als Teil eines Karnevalsscherzes.

„Die späteren Ausgaben, die jetzt herauskommen ", sagte der Chef, „werden all das Zeug über den Maillard-Mord von der Titelseite verdrängen. Verdammt, Fell! Ob ich es glaube oder nicht, ich werde die Jungen verhaften müssen." Narr."

Chacherre kicherte. Jachin Fell lächelte schwach.

„Nichts könnte klarer sein, Chef", antwortete er . „Zuerst kommt Bob Maillard zu uns vor das Opernhaus und erzählt von einem tollen Witz, den er seinen Freunden gegenüber über den Weg laufen will –"

„Woher wussten Sie, wer er war?" warf der Chef scharfsinnig ein.

„ Gramont erkannte ihn; Ansley und ich bestätigten die Erkennung. Er war mehr oder weniger betrunken – hauptsächlich mehr. Nun war der junge Maillard zum Zeitpunkt des Mordes nicht im Raum – es sei denn, er war der Masker. Fünf Minuten später wurde er gefunden in einem nahegelegenen Raum, wo er hastig seine Fliegeruniform in sein Maskeradekostüm schlüpfte. Offensichtlich hatte er die Gestalt des Maskerades angenommen, um seinen Freunden einen Scherz zu machen, und der Witz nahm ein tragisches Ende. Außerdem befand er sich in der Er war während des Krieges im Fliegerdienst tätig und hatte die Uniform daher griffbereit. Man konnte niemandem weismachen, dass er nicht die ganze Zeit der Masker gewesen wäre!"

„Natürlich", und der Chef nickte verwirrt. „Es wäre ein klarer Fall – wenn du mich nur anrufst und sagst, dass er *nicht* der Masker war! Verdammt, Fell, dieses Ding hat es mir angetan!"

„Was ist Maillards Geschichte?" in Ben Chacherre getroffen .

„Er bestreitet das Ganze", sagte der besorgte Chef. „Laut seiner Geschichte, die so direkt klang, wie er sie erzählt, wollte er seinen Freunden einen Scherz machen und zog sich gerade das Kostüm des Maskenbildners an, als er die Schüsse hörte. Er behauptet, die Schüsse hätten ihn erschreckt und ihn dazu gebracht, sich wieder zu verwandeln . Er schwört, dass er den Nebenraum überhaupt nicht betreten hatte, außer in seiner Maskeradenkleidung. Er sagt, der Mörder müsse der wahre Maskerade gewesen sein. Das ist wahrscheinlich genug, weil die ganze Schar des jungen Maillards von der Party wusste, die stattfinden sollte dieser Raum während des Comus-Balls –"

„Egal", sagte Fell kalt. „Chef, das ist ein offener Fall; der Junge musste lügen. Dass er seinen Vater getötet hat, war natürlich ein Unfall, aber trotzdem hat es stattgefunden."

„Der Junge ist im Moment ein Wrack." Der Häuptling hielt ein Streichholz an seine nicht angezündete Zigarre. „Aber Sie sagen, dass er nicht der ursprüngliche Masquer ist?"

"NEIN!" Fell sprach schnell. „Der ursprüngliche Masquer war eine andere Person und hatte nichts mit dem vorliegenden Fall zu tun. Diese Informationen sind vertraulich und unterliegen unserer vertraulichen Behandlung."

„Oh, natürlich", stimmte der Chef zu. „Nun, ich schätze, ich muss Maillard ziehen, aber ich hasse es, es zu tun. Ich habe das Gefühl, dass er nicht die richtige Partei ist."

„Tugendhafter Mann!" Fell lächelte dünn. „Allen Büchern zufolge ist der Polizeichef nur zu gerne bereit, das Verbrechen irgendjemandem anzulasten –"

„Verdammte Bücher!" schnaubte der Häuptling und beugte sich ernst vor. „Schau her, Fell! Glaubst du in deinem Herzen, dass Maillard seinen Vater getötet hat?"

Unter diesem aufmerksamen Blick schwieg Fell einen Moment lang.

„Aufgrund der Beweise bin ich gegen meinen Willen gezwungen, es zu glauben", sagte er schließlich. „Natürlich wird er bei früheren Gelegenheiten beweisen können, dass er nicht der Maskierer war; seine Alibis werden dafür sorgen. Bis zum Zeitpunkt des Mordes ist seine Geschichte in Ordnung. Und, mein Freund, die gibt es." eine Chance – eine sehr geringe, dürftige Chance –, dass seine gesamte Geschichte wahr ist. In diesem Fall muss eine andere Person als Maskierer aufgetreten sein, was unwahrscheinlich erscheint –"

„Oder", warf Ben Chacherre sanft ein, „der echte Original-Masquer ist aufgetaucht!"

Es herrschte einen Moment Stille. Jachin Fell betrachtete seinen Handlanger mit festen grauen Augen. Ben Chacherre begegnete diesem Blick fast mit einer Spur Trotz. Der Häuptling runzelte finster die Stirn.

„Ja", sagte der Chef. „Das ist die Größe, Fell. Du schweigst über den Namen des echten Masquer; warum?"

„Weil", sagte Fell ruhig, „ich zufällig wusste, dass er zum Zeitpunkt des Mordes im Zuschauerraum war."

Wieder Stille. Ben Chacherre starrte Fell mit Erstaunen und Bewunderung an. „Wenn der Meister lügt, lügt er großartig!" murmelte er auf Französisch.

„Nun", und der Häuptling gestikulierte verzweifelt, „ich schätze, das bringt den echten Masquer zum Vorschein, nicht wahr?"

„Genau", stimmte Fell zu. „Es hat keinen Sinn, seinen Namen hineinzuziehen. Ich werde weiter daran arbeiten, Chef, und wenn sich etwas ergibt, um den jungen Maillard zu entlasten, werde ich sehr froh sein."

„In Ordnung", grunzte der Häuptling und stand auf. "Ich mache mich auf den Weg."

Er ging. Weder Fell noch Chacherre bewegten sich oder sprachen eine Weile. Als schließlich das Klirren der Aufzugstür durch die verlassenen Korridore hallte, Ben Chacherre rutschte von seinem Stuhl und ging zur Außentür. Er warf einen Blick in den Flur, schloss die Tür und kehrte mit einem Nicken zu seinem Stuhl zurück.

"Also?" Jachin Fell betrachtete ihn mit aufmerksamem, forschendem Blick. „Können Sie bei dieser Gelegenheit etwas Licht ins Dunkel bringen?"

Chacherres übliche kühle Unverschämtheit war nie zu erkennen, als er mit Mr. Fell sprach.

„Nein", sagte er kopfschüttelnd. „Hammond hat bis etwa neun Uhr an dem Auto gearbeitet und ist dann, schätze ich, schneller ins Bett gegangen. Ich habe den Job um zehn gekündigt, und bei ihm war schon seit einiger Zeit das Licht aus. Nun, Meister, das ist eine seltsame Angelegenheit! Es gibt keine Ich bezweifle, dass Gramont es geschafft hat, oder?"

"Das denkst du?" fragte Fell.

Chacherre machte eine zustimmende Geste. " *Quand bois tombé , cabri monté* – wenn der Baum fällt, kann das Kind darauf klettern! Jeder Narr kann erkennen, dass Gramont der Mann war. Glauben Sie das nicht auch, Meister?"

Jachin Fell nickte.

„Ja. Aber wir haben keine Beweise – alles lügt gegen den jungen Maillard. Früh am Morgen geht Gramont nach Paradis, um das Land von Miss Ledanois am Bayou zu untersuchen. Er wird Hammond und dem … wahrscheinlich nichts über diesen Mord sagen Der Chauffeur erfährt möglicherweise erst in ein oder zwei Tagen davon – es gibt dort unten nur wenige Zeitungen.

„Fahren Sie morgens nach Paradis, Ben. Setzen Sie sich mit Hammond in Verbindung und finden Sie heraus, wann Gramont heute Abend nach Hause gekommen ist. Schreiben Sie mir, was Sie herausgefunden haben. Dann kümmern Sie sich um die Dinge bei Gumberts . Stellen Sie sicher, dass jedes Auto wird richtig gehandhabt. Ein Mann vom Hauptquartier aus Mobile wird morgen hier sein, um die Nonpareil Twelve aufzuspüren, die Gramont jetzt besitzt.

Chacherre pfiff leise. "Was?"

Jachin Fell lächelte leicht und nickte. „Ja. Wenn Gramont im Paradis bleibt, schicke ich ihn vielleicht dorthin – ich bin mir noch nicht sicher. Ich habe vor, etwas gegen diesen Hammond zu unternehmen.“

„Aber so können Sie ihn nicht landen, Meister! Er hat das Auto gekauft –“

„Und wer hat das Auto an die Werkstattleute verkauft? Sie haben es unschuldig gekauft.“ Ein eigenartiges Lächeln verzog Fells Lippen . „Tatsächlich haben sie es von einem Mann namens Hammond gekauft, wie die Beweise sehr deutlich zeigen werden.“

Ben Chacherre begann, da er das Auto selbst verkauft hatte. Dann erschien ein langsames Grinsen auf seinen dünnen Gesichtszügen – ein Grinsen, das sich zu einem geräuschlosen Lachen erweiterte.

„Meister, Sie sind großartig!“ sagte er und stand auf. „Nun, wenn nichts weiter zur Hand ist, gehe ich zu Bett.“

„Ein ausgezeichnetes Programm “, sagte Jachin Fell und nahm seinen Hut vom Schreibtisch. „Ich muss selbst etwas schlafen.“

Sie verließen gemeinsam das Büro und das Gebäude.

Drei Stunden später war die Morgendämmerung angebrochen – eine kalte, graue und düstere Morgendämmerung, die über einer Stadt aufstieg, die mit den Nachwirkungen des Karnevals übersät war. Nüchtern betrachtet war es „Lean Wednesday“. Bisher wusste die Stadt im Allgemeinen nichts von der Tragödie, die sich am Ende ihrer fröhlichsten Karnevalssaison ereignet hatte. Innerhalb weniger Stunden würden Geschäfts- und Gesellschaftskreise von der Tatsache des Mordes an Joseph Maillard erfasst werden, doch zu diesem frühen Zeitpunkt des Tages schlief die Stadt. Die Morgenzeitungen, die heute eine Nachricht brachten, die die gesamte Gemeinde zu schockieren und zu verblüffen versprach, waren noch nicht verteilt.

Henry Gramont und Hammond standen vor Tagesanbruch auf, frühstückten früh und fuhren um sechs Uhr im Auto los. Sie waren bereits weit außerhalb der Stadt und machten sich auf den Weg zum Terrebonne Parish und der Stadt Paradis, als ihnen klar wurde, dass der Tag nicht merklich heller werden würde. Stattdessen blieb es sehr bewölkt und düster, und die Luft drohte kalt zu regnen.

Gramont keine Rolle . Als sie schließlich die hervorragende Autobahn hinter sich ließen und sich auf die letzte Runde ihrer siebzig Meilen langen Fahrt begaben, empfanden sie die Gemeindestraßen als schrecklich und langsam. Es war also schon Mittag, als sie schließlich Paradis erreichten, die Stadt, die Lucie Ledanois ' Bayou-Land am nächsten lag. Der Regen hielt immer noch an.

„Zu kalt zum Regen", bemerkte Gramont . „Lass uns zum Hotel gehen und etwas essen. Ich muss das Land finden, das irgendwo in der Nähe der Stadt liegt."

Sie entdeckten, dass es sich bei dem Hotel um ein antikes Gebäude handelte, dessen Preise Lafitte und seinen Freibeutern würdig waren. Wie in vielen Kleinstädten Louisianas erwies sich das Essen jedoch als für einen König geeignet. Nach einem leichten Mittagessen aus Wachteln, Flusskrebsbiskuit und wahrscheinlich illegalem Wildbret seufzte Gramont und bedauerte, dass er nichts mehr essen konnte, und machte sich daran, sich zu erkundigen, wo die Ledanois -Farm lag.

Tatsächlich gab es in Paradis, das am Bayou, aber weit von der Eisenbahn entfernt lag, nur sehr wenig zu bieten. Es war ein verlassener Ort, ungestrichen und ungepflegt. Der Pfarrsitz Houma hatte ihm einerseits alles Leben und Wachstum geraubt; Andererseits hatte der neue Öl- und Gasbezirk es noch nicht berührt.

Im Süden lag der Sumpf – ganze vierzig Meilen davon, der allmählich in den Golf überging. Vierzig Meilen Zypressensumpf und gewundener Bayou, unerforscht, unerforscht, außer von gelegentlichen Jägern oder gelegentlichen Sheriffs. Niemand wusste, wer oder was sich in diesen Sümpfen aufhalten könnte, und niemand wollte es wissen. Der Mann, der mit seinem Boot Fisch oder Austern einfuhr, könnte ein Bayou-Fischer sein, und er könnte ein in zehn Staaten gesuchter Mörder sein. Neugier konnte sich als äußerst ungesund erweisen. Wie die Atchafalaya-Region, wo zufällige Reisende plötzlich woanders hingeschickt werden, haben auch die

Terrebonne-Sümpfe ihre eigenen Geheimnisse und wissen, wie man sie bewahrt.

Gramont hatte keine Schwierigkeiten, das Ledanois -Land zu lokalisieren, und er stellte fest, dass es keineswegs im Sumpf lag. Ein Teil davon, der näher an Houma lag, war verkauft worden und gehörte nun zum neuen Ölbezirk; Es war dieser Teil, den Joseph Maillard verkauft hatte.

Der Rest und der größte Teil lag nördlich von Paradis und verlief eine halbe Meile am Westufer des Bayou entlang. Es handelte sich um einen seit langem verlassenen Bauernhof, eine Anhöhe mit gut abgeholztem Holz und hervorragender Lage. Aber es war schwierig, Pächter zu bekommen, und es war mangelhaft, als man sie bekam, so dass der Ort in den letzten fünf Jahren oder länger nicht bewirtschaftet worden war. Nachdem Gramont diese Fakten erhalten hatte, beriet er sich mit Hammond.

„Wir sollten besser hier in der Stadt etwas Essen kaufen und bei Bedarf ein paar Nächte auf der Farm verbringen", sagte er. „Es gibt dort einige Gebäude, also werden wir Schutz finden. Entlang des Bayou gibt es Sommerhäuser – ich glaube, einige davon sind ziemlich protzig – und wir sollten die Straße ziemlich anständig finden. Sie liegt nur drei oder vier Meilen außerhalb der Stadt ."

Mit etwas Proviant im Auto machten sie sich auf den Weg. Die Straße schlängelte sich entlang der Bayou-Seite, vorbei an alten Cajun-Farmen und den kleinen Häusern der Fischer. Hier und da waren Lager und Sommerhäuser errichtet worden, eingebettet zwischen Gruppen riesiger Eichen und Zypressen, deren Wedel aus silbergrauem Moos in herabhängenden Büscheln wie blasse und gespenstische Leichentücher hingen.

Gramont die Straße genau beobachtete, entdeckte er plötzlich die ihm beschriebenen Orientierungspunkte und befahl Hammond, an einer Lücke im Zaun anzuhalten und einzubiegen, die einst als Eingangstor gedient hatte.

„Hier sind wir! Das sind die Gebäude auf der rechten Seite. Puh! Ich würde sagen, es war verlassen! Nichts ist mehr übrig als Ruinen. Gehen Sie weiter!"

Als sie von der Straße über eine grasbedeckte Auffahrt einfuhren, sahen sie ein Haus, einen Schuppen und eine Scheune inmitten einer Gruppe hoch aufragender Bäume. Tatsächlich gab es überall auf der Farm Bäume, die in einem regelmäßigen Bäumchenwald gewachsen waren. Die Gebäude befanden sich in einem ruinösen Zustand – die Schindeln hingen lose herunter, die Dächer waren mit klaffenden Löchern übersät, Türen und Fenster waren längst verschwunden.

Gramont verließ das Auto, ging, gefolgt vom Chauffeur, zur Vordertür und begutachtete das Wrack darin.

„Was sagst du, Hammond? Glaubst du, wir können hier anhalten oder zum Hotel zurückgehen? Es ist kein großer Lauf in die Stadt –"

Hammond zeigte auf einen großen Kamin vor ihnen.

„Ich kann diese Hütte in etwa einer halben Stunde ausmisten – jedenfalls dieses eine Zimmer. Wenn wir dort ein Feuer entzünden und die Fenster und Türen vernageln, sollten wir es uns bequem genug machen. Aber pass auf dich auf, Cap .“ 'n ! Es ist deine Beerdigung.

Gramont lachte. „In Ordnung. Dann räumen Sie auf und räumen Sie auf, und wenn es regnet, können wir hier campen. Achten Sie auf Schlangen und Ungeziefer. Der Boden scheint fest zu sein, und wenn auf den Bäumen reichlich Moos ist, können wir das nachholen.“ bequeme Betten. Schade, dass Sie kein Fischer sind, sonst holen wir vielleicht einen frischen Fisch aus dem Bayou …“

„Ich habe etwas Tackle in der Stadt“, und Hammond grinste breit.

„Gute Arbeit! Dann machen Sie es sich gemütlich und machen Sie sich an die Arbeit. Wir haben noch den größten Teil des Nachmittags vor uns.“

Gramont verließ das Haus und machte sich auf den Weg zum Ufer des Bayou.

Er nahm einen Brief aus seiner Tasche, öffnete ihn und überflog ihn noch einmal. Es war ein alter Brief, den Lucie Ledanois ihm fast zwei Jahre zuvor geschrieben hatte . Es war lediglich in dem Bemühen geschrieben worden , die Gedanken eines verwundeten Soldaten abzulenken und ihn nach Louisiana zu lenken , weg von den verwüsteten Feldern Frankreichs. In dem Brief hatte Lucie einige der interessanteren Merkmale von Bayou Terrebonne beschrieben – die Austern- und Garnelenflotten, die chinesischen und philippinischen Dörfer entlang des Golfs, die weitverbreiteten Zypressensümpfe; die sprudelnden Fontänen, natürliche Kuriositäten, die durch die Bäche und Bayous der gesamten weiten Gemeinde brachen – Fontänen, die durch Gas entstanden waren, das aus dem Erdinneren aufstieg und durchbrach.

Gramont wusste, dass bereits Pläne im Gange waren, dieses Erdgasfeld zu erschließen und nach New Orleans zu leiten. Auch Öl war gefunden worden, und der ganze Staat war jetzt ölverrückt. Täglich wurden Vermögen gemacht, und täglich wurden andere Vermögen von denjenigen verloren, die mit Ölvorräten statt mit Öl handelten.

„Diese Gasbrunnen haben den Job gemacht!" reflektierte Gramont. „Und laut diesem Brief gibt es hier im Bayou, in der Nähe ihres Grundstücks, einen dieser Brunnen. ,Direkt gegenüber dem Dock', sagt sie. Als erstes müssen wir den Dock finden, dann den Brunnen. Danach' Ich werde entscheiden, ob es sich um echtes Mineralgas handelt. Wenn ja, dann ist die Arbeit erledigt – denn ich werde auf jeden Fall das Risiko eingehen, Öl in der Nähe zu finden!"

Gramont kam zum Bayou und begann, seinen Weg entlang des dichten und hohen Saums aus Büschen und Setzlingen zu suchen, der den Rand des Wassers umgab. Plötzlich stieß er auf die zerstörten Überreste eines ehemaligen kleinen Bootsschuppens. Nicht weit davon entfernt fand er die im Brief erwähnte Anlegestelle; Von ihm war nichts übrig geblieben außer ein paar Spießen, die aus der Wasseroberfläche ragten. Aber er brauchte nicht weiter zu suchen. Direkt vor sich sah er, was er suchte.

Ein Dutzend Fuß vom Ufer entfernt stieg und senkte sich das Wasser in einer durchgehenden Kuppel oder Fontäne aus stark aufgeladenen Blasen, die einen Fuß über die Oberfläche stiegen. Gramont starrte regungslos darauf. Er beobachtete es eine Weile – dann fing er plötzlich an. Es war ein heftiger Anfang, ein Anfang purer Verwunderung und Ungläubigkeit.

Er beugte sich vor und starrte nicht mehr auf die Gaskuppel, sondern auf das Wasser näher an der Küste. Einen Moment lang glaubte er, seine Sinne hätten ihn getäuscht, dann sah er, dass das Ding tatsächlich da war, ohne Zweifel – eine sehr schwache Spur schillernden Lichts, das über der Wasseroberfläche spielte.

„Das kann nicht möglich sein!" murmelte er und beugte sich weiter vor. „So etwas passiert zu selten –"

Sein Herz hämmerte heftig; Vor Aufregung schoss ihm das Blut in blendenden Wirbeln ins Gehirn. Er wurde vom Goldfieber gepackt, das einen Mann überkommt, wenn er die erstaunliche Entdeckung eines unsagbaren Reichtums macht, der zu seinen Füßen liegt und von anderen und weniger anspruchsvollen Männern tage- und jahrelang übergangen und ignoriert wird!

Es war Öl, keine Frage. Eine äußerst geringe Menge, das stimmt; Eine so geringe Menge, dass sich kein Film auf dem Wasser bildete und das Wasser keinen erkennbaren Geschmack hatte. Gramont führte es zum Mund und erhob sich kopfschüttelnd.

Wo ist es hergekommen? Es hatte nichts mit den Gasblasen zu tun – zumindest kam es nicht aus der Kuppel aus Wasser und Gas. Wie lange er dort stand und Gramont anstarrte, wusste nicht. Sein Gehirn war voller Möglichkeiten. Schließlich trat er in Aktion und machte sich auf den Weg zum Ufer des Bayou, wobei er von Zeit zu Zeit innehielt, um das Wasser unter sich abzusuchen, um sicherzustellen, dass er das schwache Schillern noch erkennen konnte.

Er folgte ihm Stab für Stab und stellte fest, dass er rasch an Stärke zunahm. Es muss von einem sehr kleinen Oberflächensickerwasser in der Nähe stammen , das im Bayou fast genauso schnell verloren ging wie aus den Tiefen der Erde. Nur durch Zufall konnte ein Mann es sehen – es sei denn, er suchte das Wasser in der Nähe des Ufers ab, und selbst dann nur durch die Gnade des Zufalls.

Plötzlich sah Gramont , dass er das Schild verloren hatte. Er blieb stehen.

Nein, auch nicht verloren! Direkt vor ihm befand sich ein Stück Schilf und eine Absenkung des Ufers. Er rückte erneut vor. Im Inneren des Schilfrohrs fand er den öligen Fleck, der immer noch so schwach war, dass er ihn nur aus bestimmten Winkeln erkennen konnte. Als er nach oben schaute, konnte er in einiger Entfernung einen Zaun sehen, offensichtlich den Grenzzaun des Ledanois- Landes; Hier wurden die Büsche und Bäume lichter, und weiter vorne war geräumtes Land. Durch die Büsche erblickte er flüchtige Blicke auf Gebäude.

Heftige Enttäuschung erfasste ihn. Sollte er diese Entdeckung schließlich verlieren? Sollte er feststellen, dass das Sickerwasser aus dem Boden stammte, der jemand anderem gehörte? Nein – er trat hastig zurück, gerade noch rechtzeitig, um nicht in ein winziges Rinnsal Wasser zu stolpern, einen Bach, der in den Bayou floss, einen Nebenfluss, der so unbedeutend war, dass er in drei Fuß Entfernung unsichtbar war! Und an der Oberfläche ein schwaches Schillern.

Mit neuer Aufregung in ihm drehte sich Gramont um und folgte diesem Bach, seine Augen glühten vor Eifer. Es führte ihn zwanzig Fuß lang und endete abrupt in einer sprudelnden Quelle, die aus einem niedrigen, von Bäumen umgebenen Stück Land entsprang. Gramont spürte, wie seine Füße im Gras versanken, und sah, dass es hier eine Senke im Boden gab, einen sumpfigen kleinen Abschnitt ganz für sich. Er suchte sich eine trockene Stelle aus, legte sich auf sein Gesicht und suchte mit den Augen das Wasser ab.

Augenblick für Augenblick lag er da und schaute zu. Plötzlich entdeckte er wieder das leichte Rinnsal Öl – ein Rinnsal, das so schwach und dünn war, dass es selbst hier, auf der Oberfläche des winzigen Rinnsals, nur mit großer Mühe zu erkennen war. Eine sehr dünne Sickerstelle, schlussfolgerte Gramont ; natürlich ein dünnes Öl. So ein schwaches kleines Ding, das so viel bedeutet!

Es kam zweifellos aus dem Ledanois -Land. Aber was spielte das für eine Rolle? Seine Augen weiteten sich vor flammenden Gedanken, als er auf den dünnen Wasserstrahl hinunterblickte. Ganz gleich, woher das kam – das Wesentliche wurde damit bewiesen! Hier gab es Öl, um es zu finden, Öl in Tausenden von Fuß Tiefe, Öl so dick und reichlich, dass es sich durch die Erdspalten nach oben drängte , um einen Auslass zu finden!

„Anstatt fünf- oder sechstausend Fuß in die Tiefe zu gehen", dachte er jubelnd, „müssen wir vielleicht nur bis zu hundert Fuß in die Tiefe gehen. Aber zuerst müssen wir eine Option oder einen Pachtvertrag für das gesamte Land im Kreisverkehr bekommen – alles, was wir uns sichern können!" Sobald diese Nachricht bekannt wird, wird es einen enormen Boom geben. Wenn wir diese Optionen bekommen, können wir sie mit einem Gewinn von einer Million Prozent weiterverkaufen, und selbst wenn wir nicht in zahlender Menge auf Öl stoßen, werden wir das zurückgewinnen Kosten für unsere Bohrungen! Und wenn man an die Jahre denkt, die das hier schon war und auf jemanden wartete –"

Plötzlich zuckte er heftig zusammen. Nicht weit entfernt – direkt auf der anderen Seite des Grenzzauns – war ein abruptes Krachen von Füßen im Gebüsch zu hören gewesen, ein Stimmenausbruch. Er wurde aus seinen Träumen geweckt und begann aufzustehen. Dann entspannte er seine Muskeln und lag still da, während ihn das Erstaunen erfasste; denn er hörte seinen eigenen Namen mit einer Stimme, die ihm fremd war.

KAPITEL X

Mord

DIE Stimme kam Gramont fremd vor , doch er hatte eine vage Erinnerung daran, sie schon einmal gehört zu haben. Es war eine flotte und freche Stimme, sehr selbstbewusst – und doch hatte sie einen erschrockenen und unruhigen Unterton, als hätte der Sprecher den Mann, den er ansprach, gerade erst bemerkt.

„Hallo, Sheriff!" es sagte. „Habe dich da drin nicht gesehen – was machst du so weit weg von Houma, was?"

„Nun, ich habe mich hier umgesehen", antwortete eine andere Stimme, die trocken und grimmig klang. „Ich kenne dich, Ben Chacherre , und ich denke, ich werde dich mitnehmen. Du kommst gerade aus New Orleans, oder?"

„Ich? Nimm *mich* ?" Die Stimme von Chacherre schrillte plötzlich alarmiert. „Sehen Sie, Sheriff, es war nicht ich, der es getan hat! Es war Gramont –"

Es trat Stille ein. Kein Laut durchbrach die Stille des späten Nachmittags.

Gramont lag verwirrt und atemlos da und hörte zu. Ben Chacherre , der hinterhältige Dieb – wie war Chacherre hierher gekommen? Gramont wusste nichts von einer Verbindung zwischen Jachin Fell und Chacherre ; er konnte nur im Gras liegen und sich über die Anwesenheit des Mannes wundern. Welchen „Ort" hatte der Sheriff von Houma beobachtet? Und was hätte er, Gramont , tun sollen?

Verwirrt und verwundert wartete Gramont . Und während er wartete, vernahm er ein leises Geräusch vom sumpfigen Boden neben ihm – ein leises „Plotsch", als wäre ein Gegenstand ganz in der Nähe auf das nasse Gras gefallen. Im Moment schenkte er diesem Geräusch keine Beachtung, denn wieder war die unheimliche Stille eingekehrt.

Gramont zuhörte, bildete er sich ein, langsame, verstohlene Schritte im Unterholz zu bemerken, verspottete diese Einbildung jedoch als bloße Einbildung. Sein Gehirn war mit diesem neuen Problem beschäftigt. Er wusste, dass Houma der Sitz der Gemeinde oder des Landkreises war. Dieser Ben Chacherre schien zu seiner offensichtlichen Beunruhigung plötzlich und unerwartet dem Sheriff begegnet zu sein, und der Sheriff hatte aus irgendeinem Grund beschlossen, ihn zu verhaften; so viel war klar.

Chacherre hatte etwas mit dem „Ort" zu tun – meinte das das angrenzende Grundstück oder die Ledanois- Farm? In seiner Verwirrung über diese Verwicklung vergaß Gramont für einen Moment ganz das Rinnsal des Öls zu seinen Füßen.

Aber jetzt wurde die tiefe Stille unnatürlich und unheimlich. Was passiert ist? Sicherlich war Ben Chacherre nicht in so einem Schweigen verhaftet und abgeführt worden ! Warum waren die Stimmen so abrupt verstummt? Gramont war ein wenig unruhig und erschrocken über die Verlängerung dieser intensiven Stille. Er stand auf und spähte zwischen den Bäumen umher.

Die beiden Redner schienen gegangen zu sein; er konnte niemanden in Sichtweite erkennen. Ein Schritt zur Seite ermöglichte Gramont einen Blick auf das an den Ledanois- Platz angrenzende Land. Hier war alles Gestrüpp entfernt worden, und unter einigen riesigen Eichen ganz links konnte er einen Blick auf ein großes Sommerhaus erhaschen, das mit Brettern vernagelt und offenbar verlassen war. In der Nähe sah er jedoch andere Gebäude, die seine Aufmerksamkeit erregten. Er hörte das pochende Pochen eines Motors, und da es hier keine Stromleitung gab, verfügte der Ort offensichtlich über ein eigenes Elektrizitätswerk. Er betrachtete abschätzend die Szene vor ihm.

Hier befanden sich zwei große Gebäude. Die eine schien eine große, geschlossene Scheune zu sein, die andere war ein langer, niedriger Schuppen, der zu groß war, um eine Garage zu sein. Die Tür war offen, und vor der Öffnung sah Gramont drei Männer stehen und reden; er erkannte keinen von ihnen. Zwei der Redner trugen fettige Overalls, und bei der dritten Gestalt blitzte ein Kragen auf. Der Sheriff, Ben Chacherre , und ein anderer Mann, dachte Gramont . Er hätte Chacherre nicht gekannt, wenn er ihm von Angesicht zu Angesicht begegnet wäre. Für ihn war der Mann nur ein Name.

Die Erwähnung seines eigenen Namens durch Chacherre veranlasste ihn, weiterzugehen und eine Erklärung zu verlangen. Dann kam ihm der Gedanke, dass er vielleicht einen Fehler gemacht hatte; es wäre sehr einfach gewesen, denn er war sich nicht sicher, ob Chacherre ihn gemeint hatte. Es könnte andere Gramonts oder andere Männer geben, deren Name in einem kreolischen Mund ungefähr den gleichen Klang hätte.

„Ich kümmere mich besser um meine eigenen Angelegenheiten", dachte Gramont und wandte sich ab. Er bemerkte, dass der Motor seine Arbeit eingestellt hatte. „Ich frage mich, welcher reiche Kerl zu dieser Jahreszeit hier unten in seinem Sommerhaus sein kann? Vielleicht ist er aber nur ein Hausmeister. Ich konzentriere mich lieber ganz auf dieses Öl und lasse andere Dinge in Ruhe."

Er ging wieder zurück zum Ufer des Bayou und wandte sich wieder dem Haus zu. Während er das tat, kam Hammond mit einem Messer in der Hand auf ihn zu.

„Ich schneide mir eine Angel ab und lande ein paar Fische zum Abendessen", verkündete der Chauffeur grinsend. „Habe alles gut aufgeräumt, Kapitän ! Du kennst die alte Hütte nicht."

„Gut genug", sagte Gramont . „Hier, komm rüber! Ich möchte dir etwas zeigen."

Er führte Hammond zum Bach und zeigte auf den dünnen Ölfilm auf der Oberfläche.

„Da ist unser goldenes Vermögen, Sergeant! Tatsächlich kommt Öl aus der Erde! Das passiert nicht sehr oft, aber es passiert – und das ist einer der Fälle. Ich werde mir nicht die Mühe machen, mich weiter umzusehen."

„Ehre sei!" sagte Hammond und starrte auf den Bach. „Willst du in die Stadt zurückschlagen?"

„Nein, wir konnten erst heute Abend zurückkommen, und die Straßen sind für Nachtarbeiten nicht besonders gut. Ich werde hier ein paar Mietverträge abschließen – vielleicht schaffe ich es sofort, und das machen wir." Fangen Sie morgens wieder an. Machen Sie weiter und holen Sie sich Ihren Fisch.

Als er das Haus erreichte, sah er, dass Hammond tatsächlich großartig aufgeräumt hatte und dass der Hauptraum blitzblank sauber aussah, mit einem brennenden Feuer im Kamin. Er hielt hier nicht inne, sondern ging zum Auto, stieg ein und startete es. Er fuhr zurück zur Straße und folgte dieser ein paar Ruten in Richtung Stadt, bis er an einem großen und sehr anständig aussehenden Bauernhaus einbog, das er auf dem Weg nach draußen gesehen hatte, als er daran vorbeikam.

Er fand den Besitzer, einen intelligent aussehenden Kreolen, der einige Kühe zum Melken hereinbrachte, und war ein wenig erschrocken, als er feststellte, dass es schon so spät am Nachmittag war. Als er den Bauern auf Französisch ansprach, erhielt er eine freundliche Antwort und erfuhr, dass diesem Mann das Land gegenüber dem Ledanois- Haus gehörte – dass seine Farm tatsächlich mehrere hundert Hektar umfasste.

„Wem gehört das Land neben dem Ledanois- Platz?" fragte Gramont

„Das habe ich vor ein paar Jahren von meinem Land verkauft", antwortete der andere. „Ein Mann aus New Orleans wollte es als Sommerresidenz – ein Geschäftsmann dort, Isidore Gumberts ."

Gumberts – „Memphis Izzy" Gumberts ! Der Name kam Gramont in den Sinn und erinnerte ihn an ein Gespräch mit Hammond. Gumberts war der berühmte Gauner , von dem Hammond gesprochen hatte.

„Ich habe den Sheriff vor einiger Zeit gesehen , als er die Straße hinaufging", bemerkte der Kreole. "Hast du ihn getroffen?"

Gramont schüttelte den Kopf. „Nein, aber ich habe mehrere Männer bei Gumberts gesehen . Vielleicht war er dort –"

„Nicht da, schätze ich", und der Bauer lachte. „Diese Kerle haben das Haus von Gumberts gemietet , wie ich gehört habe; sie sind Erfinder und recht ruhige Männer. Sind Sie hier ein Fremder?"

Gramont stellte sich als Freund von Miss Ledanois vor und erklärte offen, dass er nach Öl suche und hoffe, auf ihrem Land zu bohren.

„Ich hätte gerne eine Leasingoption von Ihnen", fuhr er fort. „Ich möchte Ihr Land überhaupt nicht kaufen. Was ich möchte, ist das Recht, dort nach Öl zu bohren, für den Fall, dass jemand auf dem Land von Miss Ledanois auftaucht . Es ist alles ein Glücksspiel, wissen Sie. Das gebe ich Ihnen." Hundert Dollar für die Pacht und der übliche Achtelzins für jedes gefundene Öl. Ich habe keine Pachtrohlinge bei mir, aber wenn Sie mir die Option geben, reicht ein unterschriebenes Memorandum völlig aus.

Der Bauer hielt Öl für einen Witz und sagte es auch. Die hundert Dollar und der voraussichtliche achte Zins reichten jedoch aus, um ihn dazu zu bewegen, sich unverzüglich von der Option zu trennen. Er war nur zu froh, die Sache sofort erledigt zu haben und Gramonts Geld einzustecken.

Gramont fuhr davon und kam gerade zur Ledanois -Auffahrt, als er plötzlich auf die Bremse trat, das Auto anhielt und lauschte. Von irgendwo vor ihm – dem Gumberts- Haus, dachte er sofort – hallten ein Schuss und mehrere schwache Rufe wider. Dann wieder Stille.

Gramont hielt unentschlossen inne. Der Sheriff würde eine Verhaftung vornehmen, dachte er. Hundert Möglichkeiten schossen ihm durch den Kopf, angedeutet durch die unheimliche Kombination von Memphis Izzy, den selbst Hammond als Prinz unter Gaunern kannte, und diesem abgelegenen Ort, der von „Erfindern" gepachtet wurde. Raubkopien? Fälschung?

Als er so innehielt, zuckte er plötzlich zusammen; Er war sich sicher, dass er Hammonds Tonfall verstanden hatte, als ob er einen plötzlich erhobenen Zornschwur ausführte . Gramont betätigte die Kupplung und ließ den Wagen nach vorn springen – er erinnerte sich, dass er Hammond neben dem Bach, in der Nähe des Gumberts- Anwesens, abgestellt hatte. Was passiert ist?

Nach einem Moment der Ungeduld gelangte er zu einem offenen Tor, dessen Auffahrt zum Gumberts- Haus führte. Als er sich umdrehte, spielte sich vor ihm eine erschreckende Szene ab. Drei Männer, dieselben drei, die er vom Gebüsch aus gesehen hatte, standen vor dem niedrigen Schuppen; zwei von ihnen hielten Gewehre in der Hand, der dritte, einer der „Erfinder" im Overall, wickelte einen Verband um eine blutende Hand. Die beiden Gewehre waren locker auf Hammond gerichtet, der mit ausgestreckten Armen in der Mitte der Gruppe stand.

Was auch immer passiert war, Hammond war offensichtlich nicht leicht gefangen zu nehmen. Sein Gesichtsausdruck war etwas zerschlagen, und der einzige Häscher, der ein Halsband trug, blutete stark aus einer aufgeschnittenen Wange. Die drei drehten sich um, als Gramonts Auto vorfuhr, und Hammond stieß einen erleichterten Ausruf aus.

„Hier ist er jetzt –"

"Den Mund halten!" schnappte einer seiner bewaffneten Häscher in einem hässlichen Ton. „Beeil dich, Chacherre – hol dir ein Seil und binde diesen Gink fest!"

Gramont sprang aus dem Auto und ging vorwärts.

„Was ist hier los?" forderte er scharf. „Hammond——"

„Ich habe drüben in den Büschen einen toten Mann gefunden", schoss Hammond hervor, „und diese Typen haben mich überfallen, bevor ich sie gesehen habe . Sie behaupten, ich hätte es getan –"

„Ein toter Mann!" wiederholte Gramont und sah die drei an. "Wie meinst du das?"

„Gib ihm das Spiel, Chacherre ", knurrte einer von ihnen. Ben Chacherre trat vor, seine kühnen Augen waren mit einem Ausdruck des Trotzes auf die von Gramont gerichtet.

„Der Sheriff war vor einiger Zeit hier und suchte nach einem gestohlenen Boot", sagte er, „und machte sich auf den Weg zum Ledanois - Platz. Wir folgten ihm, um ihm bei der Suche zu helfen, als wir auf diesen Mann stießen, der im Gebüsch stand. über der Leiche des Sheriffs. Ein Messer war in seiner Hand, und der Sheriff war erstochen worden. Er zog eine Pistole und schoss auf einen von uns –"

Gramont war für einen Moment fassungslos. "Warten!" er rief aus. „Hammond, wie viel davon ist wahr?"

„Was ich Ihnen sage , Kapitän ", antwortete Hammond hartnäckig. „Ich fand dort einen Mann liegen und schaute ihn an, als diese Kerle auf mich losgingen. Ich habe diesem Kerl in den Arm geschossen, in Ordnung, dann haben sie meine Waffe geschnappt und mich niedergestreckt. Das ist alles."

Der Sheriff – ermordet!

Gramont erinnerte sich an das kurze Gespräch, das er zwischen Ben Chacherre und dem Sheriff belauscht hatte; die seltsame, unnatürliche Stille, die dieses abgebrochene Gespräch beendet hatte. Er starrte von Hammond zu den anderen, sprachlos im Moment, doch heiße Worte stiegen ungestüm in ihm auf.

Jetzt bemerkte er, dass Chacherre und seine beiden Begleiter ihn sehr aufmerksam beobachteten und leicht umkreisten. Er spürte, dass es unter all diesen Männern eine Vertrautheit gab. Er sah, dass der Verwundete mit dem Verband fertig war und nun seine unverwundete Hand massig und bedrohlich in der Jackentasche hielt.

Gefahr blitzte über Gramont auf – blitzte lebhaft und mit verblüffender Klarheit auf ihn ein. Er erkannte, dass an diesem abgelegenen Ort – diesem Ort, an dem erst kürzlich ein Mord begangen worden war – alles möglich war! Er prüfte auf seinen Lippen, was er gerade herausplatzen lassen wollte ; In diesem Moment äußerte Hammond den Gedanken in seinem Kopf.

„Es ist ein Komplott!" sagte der Chauffeur wütend.

„Das ist wahrscheinlich, nicht wahr?" Chacherre warf die Worte höhnisch, aber mit einem verdeckten Blick auf Gramont . „Dieser Kerl ist Ihr Chauffeur, nicht wahr ? Nun, wir müssen ihn nach Houma bringen, das ist alles."

„Wo ist die Leiche des Sheriffs?" fragte Gramont leise.

„Da drüben", gestikulierte Chacherre . „Wir hatten noch keine Chance, ihn zurückzubringen – dieser Kerl hat uns beschäftigt. Vielleicht möchten Sie ihm ein Alibi ausdenken?"

Gramont achtete nicht auf den höhnischen Ton des Letzteren. Er betrachtete Chacherre starr, dachte angestrengt nach und behielt sich gut im Griff.

Ledanois -Land gegangen ?" er hat gefragt. „Ist er alleine gegangen oder warst du bei ihm?"

„Wir wollten ihm unbedingt folgen", versicherte Chacherre selbstbewusst. Das war alles, was Gramont wissen wollte – dass der Mann log. „Wir folgten ihm , als er ins Gebüsch trat . Dieser Mann von Ihnen stand mit einem Messer über ihm –"

„Das war ich auch, als sie mich fanden – ich war gerade dabei , mir eine Angel abzuschneiden ", sagte Hammond schmollend. Die Beweise gegen ihn begannen ihn offensichtlich zu beeindrucken und zu beunruhigen. Gramont nickte nur.

„Dann hat niemand den tatsächlichen Mord gesehen?"

„Das ist nicht nötig", sagte Chacherre dreist. „Als wir ihn so gefunden haben! Was?"

„Ich vermute nicht", antwortete Gramont , seine Augen waren nachdenklich auf Hammond gerichtet. Letzterer bemerkte den Blick, ließ erstaunt die Kinnlade herunterklappen, dann errötete er, presste die Lippen zusammen – und wartete. Gramont warf Chacherre einen Blick zu und feuerte einen Zufallsschuss ab.

„Sie sind Ben Chacherre , nicht wahr? Arbeiten Sie für Mr. Fell?"

Der Zufallsschuss erzielte ein Tor. „Ja", sagte Chacherre mit schmalen Augen.

„Was machst du dann hier?"

Für einen Moment war Chacherre unvorbereitet. Er wusste nicht, wie viel – oder wenig – Gramont wusste; Aber er wusste, dass Gramont wusste, wer die Beute der Mitternachtsmaske aus dem Gepäckraum des Autos genommen hatte. Dieses Wissen warf ihn ganz natürlich auf die Verteidigung zurück , deren er sich am sichersten war.

„Ich bin mit einem Auftrag für meinen Meister gekommen", sagte er und übergab das Spiel mit diesen Worten in Gramonts Hände.

Es gab einen Moment der Stille. Gramont stand offenbar nachdenklich da und war sich bewusst, dass alle Augen auf ihn gerichtet waren und dass eine falsche Bewegung nun eine Katastrophe bedeuten würde. Er ließ sich den gewaltigen Schock nicht anmerken, den Chacherres Worte ihm gerade bereitet hatten; Als er sprach, war es ruhig und kühl:

„Dann ist Ihr Herr offensichtlich mit Memphis Izzy Gumberts verbunden , dem dieser Ort hier gehört. Stimmt das?"

Die beiden Freunde von Hammond und Chacherre begannen damit.

„Davon weiß ich nichts", erwiderte Chacherre mit einem Schulterzucken, das sein Unbehagen nicht ganz verbarg. „Ich weiß, dass wir hier einen Mörder haben und dass wir ihn beseitigen müssen. Haben Sie Einwände?"

„Natürlich nicht", sagte Gramont ruhig. „Gehen Sie zur Seite und gönnen Sie mir einen Moment allein mit Hammond. Dann bringen Sie ihn auf jeden Fall nach Houma. Ich würde vorschlagen, dass Sie ihn fesseln oder Handschellen anlegen, wenn der Sheriff welche mitgebracht hat . Dann ist es besser für Sie." Nehmen Sie auch die Leiche des Sheriffs auf. Hammond, ein Wort mit Ihnen!"

Diese völlig unerwartete Einwilligung seitens Gramont schien Chacherre zur Untätigkeit zu veranlassen . Er bewegte sich halb, als wäre er unsicher, ob er Gramont den Gefangenen verbieten sollte, dann trat er zur Seite, als Gramont näherkam. Eine Geste an seine beiden Begleiter verhinderte, dass sie sich einmischten.

„Halten Sie sie aber in Deckung", sagte er, bewegte leicht sein eigenes Gewehr und beobachtete sie mit misstrauischer Miene.

Gramont ignorierte ihn und ging mit einem warnenden Blick auf Hammond zu.

„Du musst dich damit abfinden, alter Mann", sagte er in einem Ton, den die anderen nicht verstehen konnten. „Träume nicht davon, dass ich dich verlasse; aber ich möchte mir diesen Ort genau ansehen, wenn alle drei verschwinden. Sie dürfen nicht ahnen –"

„ Kapitän , pass auf!" brach Hammond dringend ein. „Das hier ist eine Bande – die ganze Sache ist ein Komplott gegen mich!"

„Ich weiß es – ich war dabei, als der Sheriff ermordet wurde; aber bleiben Sie ruhig. Ich werde später heute Abend nach Houma kommen und Sie sehen." Er wandte sich achselzuckend ab, als hätte Hammond ihm einen Gefallen verweigert , und hob die Stimme. „ Chacherre ! Wie bringen Sie diesen Mann in die Stadt? Wie sind Sie hierher gekommen? Müssen Sie mein Auto benutzen?"

"NEIN." Der Kreole deutete mit dem Kopf auf die Scheune. „Ich bin mit Mr. Fells Auto gekommen – es hat eine gefederte Achse und ist liegend. Wir bringen ihn in einem anderen zurück."

„Sehr gut", Gramont hielt inne und blickte sich um. „Das ist ein schrecklicher Schlag, Männer. Ich hätte nie gedacht, dass Hammond ein Mörder war oder einer sein könnte! Sie kennen kein Motiv für das Verbrechen?"

Sie schüttelten den Kopf, aber der Verdacht verschwand aus ihren Augen. Gramont warf seinem Chauffeur noch einmal einen Blick zu.

„Ich werde dich nicht im Stich lassen, Hammond", sagte er streng und kalt. „Ich werde in Houma vorbeischauen und sehen, dass Sie einen Anwalt haben. Ich denke, meine Herren, wir sollten uns besser um die Überführung der Leiche des Sheriffs kümmern, nicht wahr?"

Der Verwundete flüchtete in die Scheune und kehrte mit einem Seil zurück. Chacherre nahm dies und fesselte Hammonds Arme fest, dann zwang er ihn, sich hinzusetzen und fesselte seine Knöchel.

„Pass auf ihn auf", befahl er dem verwundeten Mitglied des Trios. „Wir holen den Sheriff."

Gramont ließ Chacherre und seinen Begleiter die Führung übernehmen und ging mit ihnen zu der Stelle, an der der ermordete Offizier lag. Während er ging, wuchs in ihm die Überzeugung , dass er, als er dort am Bach lag, tatsächlich die letzten Worte des Sheriffs gehört hatte; dass Chacherre in diesem Moment den Mord begangen hatte – einen lautlosen, tödlichen Messerstich! Dass Hammond es hätte tun können oder wollen, war seiner Meinung nach absurd.

Sie fanden den Ermordeten zwischen den Büschen liegend. Er war unter der fünften Rippe erstochen worden – das Messer war direkt ins Herz getroffen. Chacherre verkündete, er habe Hammonds Messer als Beweismittel und Gramont nickte lediglich mit dem Kopf.

Sie hoben den Körper zwischen sich hoch und trugen ihn zurück zur Scheune.

„Jetzt", sagte Gramont schnell, „mache ich mich auf den Weg nach Houma – wenn ich meinen Weg nicht verpasse! Seid ihr Männer gleich dabei?"

„Im Handumdrehen", sagte Chacherre prompt.

Gramont stieg in sein Auto und fuhr davon. Er hatte keine Angst davor, dass Hammond etwas passieren könnte; Die Beweise gegen Letzteren waren vernichtend, und mit drei Männern, die ihn in die Schlinge eines Henkers schwören würden, würden sie ihn sicher ins Gefängnis bringen.

„Ein schlauer Teufel, dieser Chacherre !" dachte er grimmig. „Wir haben es zweifellos mit einer Bande zu tun. Wenn sie mich jetzt nicht verdächtigen …"

Er bog am Ledanois -Tor ein, da er wusste, dass Gumberts Haus weder zu sehen noch zu hören war . Er fuhr mit dem Auto vom Haus weg und hinein in das dichteste Buschwerk, das er finden konnte, wo es gut vor den Blicken verborgen war. Dann ging er zu Fuß am Ufer des Bayou entlang, bis er zu dem Bach kam, wo Öl zu sehen war.

Hier hielt er inne, versteckte sich und suchte sich einen Platz, von dem aus er einen Blick auf das Land der Gumberts werfen konnte . Er sah Chacherre und Hammond dort neben der Leiche des Sheriffs; Die anderen beiden Männer schwangen das Scheunentor auf. Sie verschwanden drinnen, und einen Moment später hörte Gramont das Surren eines startenden Motors. Ein Auto fuhr rückwärts auf den Hof – ein Cadillac mit sieben Sitzen – und hielt an.

Die drei Männer hoben die Leiche des Sheriffs in den Laderaum. Chacherre übernahm das Steuer, Hammond wurde neben ihm eingepackt. Die anderen beiden Männer kletterten mit Gewehren in der Hand neben der Leiche hinein. Chacherre startete den Wagen in Richtung Straße.

"Alles gut!" dachte Gramont mit einem Schauer des Jubels. „Sie haben alle geräumt und mir den Ort überlassen – und ich möchte mir diesen Ort ansehen.“

Plötzlich, als er dort stand, erinnerte er sich an das leichte „Plumps“, das er während der endlosen Stille gehört hatte, die dem Gespräch zwischen dem Sheriff und Ben Chacherre gefolgt war . Es war ein Geräusch, als ob etwas in seiner Nähe in den feuchten Boden gefallen wäre.

Die Erinnerung erschreckte ihn seltsam. Er stellte sich einen aufgeregten Mörder vor, der mit dem Messer in der Hand neben seinem Opfer stand; Er stellte sich den Abscheu vor, der den Mann für einen Moment erfasst haben musste – den Abscheu, der ihn in diesem Moment veranlasst haben musste, etwas zu tun, was er in einer kühleren Zeit nicht getan hätte.

Gramont wandte sich der kleinen sumpfigen Stelle zu, an der er gelegen hatte und zugehört hatte. Er bückte sich und suchte den nassen Boden ab, ohne darauf zu achten, dass das Wasser in seine Stiefel eindrang. Und nach einer Minute ertönte ein leiser, zufriedener Ausruf aus ihm, als er fand, was er suchte.

KAPITEL XI

Die Gangster

GRAMONT verließ das Versteck und ging vorwärts.

Er dachte an die seltsame Erwähnung von Jachin Fell – hatte Chacherre gelogen, als er sagte, er sei im Auftrag seines Herrn hierher gekommen? Vielleicht. Der Mann war in Fells Auto gekommen und zögerte nicht, zu lügen, dass er das Auto benutzt hatte. Gramont schob den Umstand zunächst beiseite, vergaß ihn aber nicht.

Er ging offen auf die Gumberts- Gebäude zu und dachte, dass er vor Einbruch der Dunkelheit Zeit haben würde, sich dort gründlich umzusehen; Dann würde er nach Houma gehen und sich um Hammonds Verteidigung kümmern .

Er war davon überzeugt, dass der Ort vor ihm verlassen war. Wäre jemand außer Chacherre und seinen beiden Freunden bei den Gebäuden gewesen, hätte die späte Aufregung die Tatsache ans Licht gebracht. Niemand war erschienen und die Gebäude schienen leer zu sein.

Gramonts Absicht war einfach und unkompliziert. Falls er, wie erwartet, Hinweise auf eine illegale Besetzung des Ortes finden sollte – was der Sheriff offenbar auf seine Kosten herausgefunden hatte –, würde er Chacherre und die beiden anderen Männer in dieser Nacht in Houma auf den Fersen sein. Anschließend würde er nach New Orleans weiterreisen und Gumberts verhaften lassen, obwohl er nicht damit gerechnet hatte, dass der Meisterkriminelle wegen Beihilfe zum Mord festgehalten werden würde. Selbst wenn dieser Ort für Lotterien genutzt würde, wäre er sich ziemlich sicher, dass Memphis Izzy seine eigenen Spuren verwischen würde. Die Männer weiter oben taten es immer.

Er ging direkt in die Scheune hinein. Es ragte vor ihm auf, geschlossen, grell im Licht der untergehenden Sonne. Die Türen vorn waren nur lose zusammengeschwenkt und Gramont stellte fest, dass sie unverschlossen waren. Er stand in der Öffnung und war überrascht. Er blieb regungslos stehen und blickte voller Erstaunen auf den Anblick, der sich ihm bot.

Direkt vor ihm stand ein kleiner Roadster, den er, wie er sich erinnerte, Jachin Fell benutzt hatte; Zweifellos war Ben Chacherre in diesem Auto aus der Stadt gefahren. Er erinnerte sich später an die Tatsache und bedauerte zutiefst, dass er eine Chance verpasst hatte . Doch im Moment war er völlig in Erstaunen versunken, als er sah, wie viele andere Autos sich ihm boten.

Sie waren so tief aufgereiht, wie die Scheune sie fassen konnte, und waren auf jedem verfügbaren Fußbreit zusammengepfercht. weit über ein

Dutzend Autos, schätzte er schnell. Darüber hinaus handelte es sich mit Ausnahme des Fell-Roadsters allesamt um Autos der höchsten Klasse. Direkt vor ihm standen zwei, von denen er genau wusste, dass sie jeweils fast zehntausend gekostet haben mussten. Was bedeutete das? Sicherlich kann kein einzelner Mann oder keine Gruppe von Männern in diesem Hinterland damit rechnen, eine solche Ansammlung teurer Autos zu benutzen!

Gramont sah sich um, fand aber keine Spur von Maschinen in der Scheune. Als er sich an den Motor erinnerte, den er gehört hatte, wandte er sich stirnrunzelnd und ratlos von der Tür ab. Er ging weiter auf den langen Schuppen zu, der näher am Haus stand. Am Ende dieses Schuppens befand sich eine Tür, und als er sie versuchte, stellte Gramont fest, dass sie unverschlossen war. Es öffnete sich vor seiner Hand und er trat ein.

Zuerst hielt er inne, verwirrt von den vagen Gegenständen um ihn herum, denn hier drinnen war es ziemlich dunkel . Einen Moment lang gewöhnten sich seine Augen an die düsterere Beleuchtung. Ihm fielen Einzelheiten ein: Rundherum befanden sich Autos und Fragmente von Autos, Fahrgestellen und Karosserien in allen Stadien der Zerstückelung. Noch mehr Autos!

Er ging langsam zu einer langen Bank, die sich unter den Fenstern über die gesamte Länge des Ladens erstreckte. In der Tat eine Werkstatt – eine Werkstatt, erkannte er schnell, ausgestattet mit allen Werkzeugen und Maschinen, die für eine komplette Autoreparaturwerkstatt notwendig sind! Sogar ein Airbrush-Gerät an einem Ende sowie ein Trockenfach ließen auf Neulackierungen schließen.

Gramont dämmerte langsam das Verständnis ; Einen Moment später wurde es Gewissheit, als er vor einem auf der Bank liegenden Automotor stehen blieb. Er stellte fest, dass es sich um den Motor eines Stutz handelte – den neuesten Mehrventiltyp dieser Automarke – und dieses spezielle Maschinenteil sah aus wie neu.

Gramont inspizierte es und sah, dass die Männer ihre Arbeit gut gemacht hatten. Die ursprüngliche Motornummer war sorgfältig ausgegraben und die Stelle sorgfältig mit Metall gefüllt und eingeebnet worden. Daneben war eine neue Nummer eingestanzt. Ein Blick auf die elektrische Ausrüstung zeigte, dass diese Arbeiter über alle Geräte verfügten , mit denen sie selbst die fertigsten Arbeiten ausführen konnten.

Als er sich vom Motor aufrichtete, fiel Gramonts Blick auf ein getipptes Blatt Papier, das an der Wand über der Bank befestigt war. Sein Blick weitete sich, als er es im schwindenden Licht betrachtete. Auf diesem Papier befand sich eine Liste von Autos. Hinter jedem Wagen befand sich eine Reihe von Nummern, die schlicht die ursprünglichen Nummern des

Motors, der Karosserie, des Kühlers und anderer Bauteile umfassten, gefolgt von einer weiteren Reihe neuer Nummern, die eingefügt werden mussten. Dieses Blatt Papier zeigte Köpfchen, Organisationstalent, Sorgfalt und Aufmerksamkeit bis ins letzte Detail!

Hier handelte es sich um das sorgfältigste und gründlichste System des Autodiebstahls, von dem Gramont je gehört hatte. Er stand regungslos da und wusste, dass dieses getippte Blatt Papier an sich schon ein vernichtendes Beweismittel gegen die gesamte Arbeiterbande war. Was noch wichtiger war: Das Papier konnte zurückverfolgt werden; Die Schreibmaschine konnte auf den Mann weiter oben zurückgeführt werden – zweifellos auf Memphis Izzy selbst! Diese Männer fuhren massenhaft Autos, wahrscheinlich aus den an Louisiana angrenzenden Staaten. Hier, an diesem abgelegenen Punkt am Bayou, haben sie die Autos völlig verändert, was Anzahl, Farbe und Karosseriestil betrifft, und haben das neue Produkt dann wahrscheinlich in New Orleans abgeschafft.

Gramont stand regungslos da. Überraschung hatte ihn erfasst und sogar ein Gefühl leichter Bestürzung. Das war überhaupt nicht das, was er dort zu finden gehofft hatte. Er hatte geglaubt, auf einige Spuren des Lotteriespiels zu stoßen –

„Alles gesehen, was du willst, Kumpel ?“ sagte eine Stimme hinter ihm.

Gramont drehte sich um. Er blickte direkt in eine automatische Pistole, über der ein Paar leuchtende Augen glitzerten. Der Mann war ihm fremd. Schließlich war der Ort nicht verlassen gewesen. Er wurde erwischt.

"Wer bist du?" fragte Gramont leise.

"Mich?" Der Fremde lächelte nicht, tödlich. In diesen glitzernden Augen las Gramont die Wildheit eines Tieres in der Abwehr. „Ich nehme an , dass du das gerne wissen würdest, oder? Ich schätze, du weißt im Moment genug, um alles zu begreifen, was auf dich zukommt, Kumpel ! Hast du hier irgendetwas Besonderes zu tun? Melde dich schnell!“

Gramont schwieg. Der andere spottete ihn bösartig.

„Beeilen Sie sich! Geben Sie den Namen und die Adresse weiter, und ich werde die Hinterbliebenen benachrichtigen . Name, bitte?“

„Henry Gramont “, war die ruhige Antwort. „Sei nicht voreilig, mein Freund. Hast du mich nicht vor einiger Zeit hier mit Chacherre und den anderen Jungen gesehen?“

"Was ist das?" Die glitzernden Augen flammten vor Misstrauen und Misstrauen auf. „Hier – bei ihnen? Nein, das habe ich nicht. Ich war den ganzen Nachmittag zum Angeln unterwegs. Was zum Teufel machst du in der Nähe dieses Ladens?"

„Ihr bester Plan", sagte Gramont kalt, „ist, Ihren Ton zu ändern, und zwar in Eile! Wenn Sie nicht wissen, was heute Nachmittag hier passiert ist, fragen Sie mich nicht; Sie werden es finden." früh genug raus, wenn die anderen Jungs zurückkommen. Du solltest ihnen besser sagen, dass ich mich mit Memphis Izzy in Verbindung setzen werde, sobald ich zurück in der Stadt bin, und je weniger sie reden –"

„Was zum Teufel ist das denn?" forderte der andere noch einmal, aber mit einem milderen Akzent. Der Spitzname Gumberts hatte Wirkung und schien den Mann sofort zu erschüttern. Gramont lächelte, als er merkte, dass das Spiel gewonnen war.

„Ich habe noch nie von Gramont gehört ", fuhr der andere schnell fort. „Was machst du hier?"

„Ich stelle mir vor, dass Sie noch eine Menge Dinge lernen werden", sagte Gramont nachlässig. „Was mich betrifft , ich bin größtenteils zufällig hierher gekommen. Ich bin zufällig mit einem Mann namens Jachin Fell zusammen und bin geschäftlich hierhergekommen –"

Zu Gramonts Erstaunen wurde die Pistole sofort gesenkt. Es war gut, dass er aufhörte zu reden, denn was er gerade gesagt hatte, erwies sich als anfällig für Missverständnisse, und wenn er noch mehr gesagt hätte, hätte er es vermasselt. Denn der Mann, der ihm gegenüberstand, starrte ihn mit einer Mischung aus Abscheu und Überraschung an.

„Sie sind eine Partnerschaft mit *dem Chef*!" kamen die verblüffenden Worte. „Nun, warum zum Teufel hast du das nicht gleich zu Beginn gesagt, anstatt herumzureden ? Das ist keine Möglichkeit, sich einzumischen, und ich dachte, du wärst ein Idiot bei der Sache! Ich habe irgendetwas, um zu beweisen, dass du es bist 'T Ziehst du mir was Süßes an?

„Kennen Sie Fells Schriften?" fragte Gramont und konnte sich kaum dazu zwingen, der Situation kohärent zu begegnen. Jachin Fell – der Boss!

„Ich kenne seinen Handschuh, klar."

Aus seiner Tasche holte Gramont ein Papier hervor – das Memorandum oder die Vereinbarung, die er am Nachmittag zuvor mit Fell ausgearbeitet hatte und die sich auf die Ölgesellschaft bezog. Der andere Mann nahm es und schaltete über ihm eine Glühbirne ein. In diesem grellen Licht zeigte er sich als ein heruntergekommenes kleines Individuum mit offenem Mund und heraushängenden Zähnen – ein adenoider Typ und sicherlich ein krimineller Typ.

Gramont kam in den Sinn , dass ein Schlag genügen würde – aber er stand regungslos da. Hier würde ihm kein plötzliches Spiel helfen. Die Entdeckung, dass Fell „der Boss" war, lähmte ihn völlig. Von einer solchen Möglichkeit hatte er noch nie geträumt. Ausgerechnet fiel!

Jachin ist der „Chef" dieses Etablissements! Jachin Fell, der Mann weiter oben – der Kopf hinter dieser kriminellen Organisation! Es war ein perfekter Blitzschlag für Gramont . Jetzt verstand er, warum Chacherre bei Fell angestellt war – warum es nicht möglich gewesen war, den Mann festzunehmen! Jetzt erkannte er, dass Chacherre die Wahrheit gesagt haben musste, dass er geschäftlich für Fell hierher gekommen war. Als er weiter nach hinten blickte, sah er, dass Fell die Beute der Mitternachtsmaske erhalten und sie Lucie Ledanois übergeben haben musste – –

Wusste *sie* es?

„In Ordnung, Herr Gramont ." Der schäbige kleine Mann drehte sich mit deutlichem Gesichtswechsel zu ihm um. „Wir gehen hier kein Risiko ein , Du verstehst . Es kommt eine ganze Ladung Autos aus Texas, und wir versuchen , einige dieser Boote auszumisten, um Platz zu schaffen. Irgendwelche Befehle rausbringen?"

Gramonts Gehirn arbeitete schnell.

Durch die Überwindung dieser Dachrinnenschneise hätte er vielleicht den ganzen Ort seiner Gnade ausgeliefert – aber das war nicht das, was er wollte. Plötzlich wurde ihm klar, dass er in New Orleans andere und wichtigere Fische zu braten hatte. Gumberts war da. Fell war da. Was er tun musste, erforderte Zeit, und sein bestes Spiel bestand darin, so viel Zeit wie möglich zu gewinnen und zu verhindern, dass diese Bande ihn in irgendeiner Weise verdächtigte.

„Hast du Ben Chacherre gesehen ?" er konterte.

„Uh-huh – ich habe ihn kurz nach seiner Ankunft gesehen. Gumberts wird übermorgen draußen sein, sagte er. Der Chef arbeitet gerade an einem Deal mit einem Kerl, den er loswerden möchte – irgendein Kerl namens Hammond. Chacherre leitet es. Er denkt darüber nach , Hammond zu holen , weil irgendein Auto gejagt wird …"

Gramont lachte plötzlich, denn die Sache hatte einen grimmigen Humor . Also Jachin Fell wollte dem armen Hammond „etwas abgewinnen"! Und Chacherre hatte die goldene Gelegenheit genutzt , die sich heute Nachmittag bot – anstatt Hammond wegen eines Autodiebstahls zu „erwischen", hatte Chacherre ihn kühl zum Mord verurteilt!

„Ben ist ein kluger Mann. Ich gehe davon aus, dass er denkt, dass die Götter für ihn arbeiten", sagte Gramont dünn. „ Du weißt also nicht, was heute passiert ist, oder? Nun, es sind tolle Neuigkeiten, aber ich habe keine Zeit, darüber zu reden. Sie werden es dir sagen, wenn sie zurückkommen –"

„Wo sind sie hin?" forderte der andere.

„Houma. Hören Sie jetzt genau zu! Chacherre wusste nicht, dass ich mit dem Chef eine Partnerschaft eingegangen bin, verstehen Sie? Ich wollte es nicht der ganzen Menge vor ihm erzählen. Unter uns gesagt, der Chef ist es auch nicht sicher wegen Ben——"

„Sagen Sie, ich bringe Sie hin!" unterbrach den anderen weise. „Ich habe ihm vor sechs Monaten gesagt , er solle auf diesen Kreolen aufpassen!"

„Genau. Du kannst den Jungs von mir erzählen, wenn sie zurückkommen – ich glaube nicht, dass Ben bei ihnen sein wird. Jetzt habe ich mir das Haus nebenan angesehen –"

"Oh!" rief der andere plötzlich aus. „Sicher! Der Chef sagte, einer seiner Freunde würde …"

„Ich bin derjenige – oder einer von ihnen", und Gramont kicherte , als er über die lächerlichen Aspekte der ganzen Angelegenheit nachdachte. „Ich fahre jetzt nach Houma und dann zurück in die Stadt. Mein Auto steht nebenan. Mr. Fell wollte, dass ich Sie warne, das Lotteriegeschäft nicht ernst zu nehmen. Er hat den Verdacht, dass jemand geredet hat."

„Sagen Sie es dem Chef ", erwiderte der andere bekümmert, „er soll ein Auge auf die Leute haben, die reden *können* ! Mit wem sollten wir hier reden? Außerdem arbeiten wir uns auf diesen Booten den Kopf ab." . Memphis Izzy kümmert sich um die Lotterie – er hat den gesamten Grundriss bis zum Haus, und wir rühren nichts daran, verstehen Sie? Erzählen Sie das alles dem Chef."

„Sag es ihm selbst", lachte Gramont gut gelaunt . „ Gumberts kommt übermorgen raus, oder? Das wird Freitag sein. Hm! Ich denke, ich bringe Fell besser noch am selben Tag hierher, wenn ich es schaffe. Ich werde Gumberts wahrscheinlich nicht sehen Bis dahin – ich arbeite nicht mit ihm zusammen und er kennt mich noch nicht – aber ich werde versuchen, am Freitag mit Fell hier rauszukommen. Jetzt muss ich es schnell schaffen. Irgendeine Nachricht an schicken?"

„Ich nicht", war die Antwort.

Gramont wusste kaum, wie er ging, bis er durch das Unterholz des Ledanois -Hauses zurückkroch .

Er stürmte ins Haus, stellte fest, dass das Feuer außer Gefahr erloschen war, und entfernte schnell die wenigen Dinge, die sie aus dem Auto mitgenommen hatten. Er trug diese und stolperte zurück zu der Stelle, an der er das Auto versteckt hatte. Er wagte kaum nachzudenken, wagte kaum, sich zu dem Glück zu beglückwünschen, das ihm widerfahren war, bis er sich wieder in seinem eigenen Auto wiederfand und mit Vollgas durch die Dämmerung zu Paradis und Houma dahinter fegte. Ein Wirbelwind wahnsinniger Freude brodelte in ihm – eine Freude, die so plötzlich und gewaltig war, wie die vergangenen Wochen ereignislos und langwierig gewesen waren!

Gramont hatte, wie viele andere auch, viele unbestimmte Gerüchte über ein unterirdisches Lotteriespiel gehört, das unter den Negern des Staates und den chinesischen Dörfern entlang der Golfküste betrieben wurde. Und jetzt wusste er es definitiv.

Lotterien sind in Louisiana seit den mutigen alten Tagen der von der Regierung verordneten Glücksspiele, gegensätzlichen Gesetze und Verordnungen nie ausgestorben. Kein Gesetz kann den gelben Mann und den schwarzen Mann dazu zwingen, auf das Erbe ihrer Väter zu verzichten, die schnell reich werden . An der Pazifikküste gibt es Lotterien, und zwar überall dort, wo es eine Chinatown gibt. In Louisiana sind die Tage der großen Lotterie nie vergessen worden. Die letzten zwei Jahre mit hohen Löhnen hatten jeden Neger vergleichsweise reich gemacht. Die Lotteriehändler würden natürlich eine reife Ernte zum Pflücken vorfinden. Und wer würde sich zu diesem Erntefeld hingezogen fühlen, wenn nicht die großen Gumberts , der ungefangene Memphis Izzy, der Promoter, der nie „überfallen" wurde!

Gramont , rein zufällig über das Ding gestolpert, auf einen Schlag den Kern der ganzen Sache entdeckt!

Allmählich kühlte sich sein Gehirn ab, als ihm klar wurde, welche Arbeit vor ihm lag. Er war durch Paradis, fast ohne die Stadt zu sehen, und schaltete das Licht ein, als er auf die Autobahn nach Houma fuhr. Nüchternes Nachdenken erfasste ihn. Diese Gruppe von Gaunern war nicht nur an einer Lotterie beteiligt, sondern organisierte auch einen ungeheuren Autodiebstahl, bei dem Autos im Großhandel geplündert wurden! Und der Mann an der Spitze des Ganzen, der Mann über Memphis Izzy und seinen Gaunern, war Jachin Fell aus New Orleans.

Hat Lucie Ledanois so etwas geträumt? Nein. Gramont wies die Frage sofort zurück. Fell war kein ungewöhnlicher Typ Mann. Es gab im ganzen Land viele Jachin Fells, überlegte er. Männer, die ihr Gehirn für krumme Arbeit eingesetzt haben, die sich über jeden tatsächlichen Anteil an der Arbeit gestellt haben und die enorm von den Tributzahlungen jedes Gauners bei jedem Verbrechen profitiert haben.

Für die Gemeinschaften, in denen sie lebten, waren solche Männer Vorbilder für alles, was wohlhabende Herren sein sollten. Selten, außer vielleicht bei Gerüchten über die Unterwelt, wurde jemals vermutet, dass sie mit Verbrechen in Verbindung standen. Und – dieser Gedanke war für Gramont ernüchternd –, dass sie zu keinem Zeitpunkt der Gefahr einer Vergeltung durch das Gesetz ausgesetzt waren. Ihre Auswirkungen reichten zu weit in die Politik; und die Gouverneure einiger Südstaaten verfügen über unbegrenzte Begnadigungsbefugnisse.

„Das ist ein großer Tag!“ überlegte Gramont und wies die unheimliche Andeutung dieses letzten Gedankens zurück. „Ein großer Tag! Wohin es führen wird, weiß ich nicht. Nicht zuletzt das finanzielle Ende – das Versickern von Öl! Dieses kleine schillernde Rinnsal Öl auf dem Wasser bedeutet, dass die Geldsorgen ein Ende haben, und zwar beides.“ für mich und für Lucie. Es tut mir leid, dass ich mit Fell verwechselt werde ; ich habe selbst genug Geld, um mindestens eine gute Quelle zu bohren , und eine ist alles, was wir brauchen, um dort Öl zu fördern. Nun, wir werden sehen, was sich ergibt! Meine erste Aufgabe besteht darin, dafür zu sorgen, dass Hammond in Sicherheit ist, und ihn zu beruhigen. Ich muss ihn wohl im Gefängnis lassen –“

Warum wollte Fell Hammond „etwas besorgen“? Darauf gab es keine Antwort.

Als er nach Houma fuhr, war die Stadt voller Aufregung, denn die Nachricht von der Ermordung des Sheriffs hatte die Stadt in Aufregung versetzt. Als Gramont direkt zum Gerichtsgebäude ging, begegnete er Ben Chacherre , als dieser gerade das Auto verließ.

"Hallo!" er rief aus. „Ich habe meinen Weg verloren. Wo ist Hammond?“

Chacherre deutete mit dem Kopf auf das Gerichtsgebäude.

„Da drüben. Sag mal, gehst du heute Abend zurück in die Stadt?“

"Ja." Gramont betrachtete ihn. "Warum?"

„Bringen Sie mich zurück, ja? Ich habe den letzten Zug nach oben verpasst, und wenn Sie trotzdem zurückfahren, muss ich sowieso kein Auto mieten. Ich kann für Sie fahren, und wir schaffen es in einer.“ ein paar Stunden, sicher vor Mitternacht.

„Steigen Sie ein“, sagte Gramont und nickte zum Auto. „Ich bin zurück, sobald ich mit Hammond gesprochen habe . Hoffentlich besteht keine Gefahr, dass er gelyncht wird?“

„Keine Chance", sagte der andere abschließend. „Sechs Beamte sind jetzt da oben und eine ganze Reihe ehemaliger Soldaten kommen, um Wache zu halten. Wollen Sie den Fall vertreten?"

„Nein", sagte Gramont. „Kann doch nicht gegen etwas ankämpfen, oder? Allerdings tut er mir leid."

Chacherre zuckte mit den Schultern und stieg ins Auto.

Gramont war sehr erleichtert, als er feststellte, dass keine Gefahr eines Lynchmordes bestand, was seine einzige Angst gewesen war. Nur mit viel Überredungskunst gelangte er an der Wache vorbei in das Gerichtsgebäude, wo er von mehreren für die Situation zuständigen Beamten empfangen wurde.

Nachdem er sich ausführlich mit ihnen beraten hatte, wurde er widerwillig in die Zelle gebracht, in der Hammond saß. Dieser empfing ihn mit einem breiten Grinsen und ließ sich nicht anmerken, welch zermürbende Tortur er durchgemacht hatte.

„Hör zu, alter Mann", sagte Gramont ernst. „Wirst du das Spiel bis zum Ende hart durchspielen? Ich muss dich zwei Tage hier lassen. Am Ende dieser Zeit bist du frei."

Die zuhörenden Deputys schniesten, aber Hammond grinste nur noch einmal und steckte eine Hand durch die Gitterstäbe.

„Was auch immer Sie sagen, Kapitän", erwiderte er. „Es sieht wirklich schlimm aus —"

„Glauben Sie das nicht", sagte Gramont fröhlich. „Seit ich dich das letzte Mal gesehen habe, ist viel passiert! Ich habe den wahren Mörder genau dort, wo ich ihn haben will — aber ich kann ihn noch nicht verhaften lassen."

„Es ist eine Bande", sagte Hammond. „Pass auf, Kapitän, ich habe gehört, wie sie etwas über Memphis Izzy gesagt haben — erinnerst du dich an den Kerl, von dem ich dir eines Tages erzählt habe? Nun, das ist kein Piker-Spiel! Wir haben es mit etwas Solidem zu tun —"

„Ich weiß es", und Gramont nickte. Er wandte sich an die Abgeordneten. „Meine Herren, Sie haben meine Adresse, wenn Sie mit mir kommunizieren möchten. Ich werde übermorgen wieder hier sein — zumindest vor Mitternacht dieses Tages. Ich warne Sie, wenn diesem Mann in der Zwischenzeit etwas zustoßen sollte, Sie werden persönlich zur Verantwortung gezogen. Er ist unschuldig.

„Sieht so aus, als ob wir dich auch besser festhalten sollten", sagte einer der Männer. „Du scheinst eine Menge zu wissen!"

Gramont sah ihn einen Moment lang an.

„Ich weiß genug, um Ihnen zu sagen, wo Sie hingehen sollen, wenn Sie hier irgendeine komische Arbeit versuchen", sagte er ruhig . „Meine Herren, vielen Dank für die Erlaubnis zum Interview! Wir sehen uns später."

Die Jury des Gerichtsmediziners hatte Hammond bereits des Mordes für schuldig befunden. Als Gramont zum Auto zurückkehrte, ließ er Ben Chacherre zu einem Restaurant fahren, wo sie etwas zu essen bekamen. Zwanzig Minuten später waren sie auf dem Weg nach New Orleans – und Gramont erfuhr zum ersten Mal von der Ermordung von Joseph Maillard durch die Midnight Masquer und von der Verhaftung von Bob Maillard wegen des Verbrechens.

KAPITEL XII

Das Ultimatum

Am nächsten Morgen rief Gramont sowohl Jachin Fell als auch Lucie Ledanois an . Er teilte ihnen kurz das Ergebnis seiner Öluntersuchung mit und vereinbarte für zehn Uhr ein Treffen in Fells Büro.

Es war kurz vor zehn, als Gramont mit dem Auto nach Lucie rief. Unter dem Zauber ihres lächelnden Eifers verschwand die Härte aus seinem Gesicht; Einen Moment später kam es wieder zurück, denn er sah, dass auch sie verändert war. Über ihnen beiden war eine Wolke. Das von Gramont war geheim und grüblerisch. Lucie trauerte. Der Mord an Joseph Maillard, die Verhaftung und die unbestrittene Schuld von Bob Maillard stellten in ihren Augen alles andere in den Schatten. Selbst die Nachricht vom Ölaustritt und die Tatsache, dass sie sich nun wahrscheinlich auf dem Weg zum Reichtum befand, schienen wenig Eindruck auf sie zu machen.

„Gott sei Dank", sagte sie ernst, während sie in Richtung Canal Street fuhren, „dass die Midnight-Masquer-Affäre für Sie, Henry, vollständig geklärt war, bevor diese Tragödie stattfand! Es war furchtbar unklug von Ihnen – "

„Ja", antwortete Gramont nüchtern, als sie ihren Gedanken las. „Jetzt kann ich meine eigene Torheit erkennen. Wenn mir diese Affäre in die Schuhe geschoben würde, könnte eine Klage gegen mich eingeleitet werden, und das würde plausibel erscheinen. Aber glücklicherweise bin ich rechtzeitig rausgekommen." Wären wir nur Charaktere in einer standardisierten Detektivgeschichte, würde ich vermutlich verhaftet und mit Spannung, Hinweisen usw. überschwemmt werden.

„Deine Flucht war zu knapp, als dass du darüber Witze machen könntest, Henry", tadelte sie ihn ernst.

„Ich mache keine Witze, meine liebe Lucie. Ich habe bis spät in die Nacht nichts über die Tragödie erfahren. Aus dem, was ich in den Zeitungen finden kann, scheint man sich darüber einig zu sein, dass Bob nicht der echte Masquer war, sondern diese Gestalt aus Spaß angenommen hatte." . Ein tragischer Witz! Da er damals zweifellos betrunken war, kann man sich nicht darauf verlassen, dass seine Geschichte sehr überzeugend ist. Und doch ist es furchtbar schwer zu glauben, dass ein Sohn, selbst aus Versehen, seinen eigenen Vater hätte erschießen sollen ... —"

"Nicht!" Lucie zuckte ein wenig zusammen. „Trotz aller Beweise gegen ihn, trotz der Art und Weise, wie er in dieser Fliegeruniform gefunden wurde, ist es immer noch schrecklich zu glauben. Ich kann mir nicht vorstellen, dass es tatsächlich passiert ist."

„Den Papieren zufolge ist die arme Frau Maillard zugrunde gegangen. Kein Wunder."

„Ja. Ich war gestern den ganzen Tag bei ihr und werde heute wieder hingehen. Es heißt, Bob sei furchtbar kaputt. Er ließ seine Mutter holen, und sie weigerte sich, ihn zu sehen. Ich weiß nicht, wie das alles ist." geht zu Ende! Glauben Sie, dass seine Geschichte wahr sein könnte – dass jemand anderes in dieser Nacht als Maskierer fungiert haben könnte?"

Gramont schüttelte den Kopf.

„Es ist möglich", sagte er widerstrebend, „aber es scheint kaum sehr wahrscheinlich. Und jetzt, Lucie, tut es mir wirklich sehr leid, das sagen zu müssen – aber Sie müssen sich auf einen weiteren Schock in naher Zukunft vorbereiten."

„Was meinst du? Über das Öl –"

„Nein. Die Geschichte ist zu lang, um sie jetzt zu erzählen. Hier sind wir im Maison Blanche. Erinnern Sie sich bitte nur an meine Worte. Darauf kann ich jetzt nicht näher eingehen."

„Sehr gut. Henry! Halten Sie es für möglich, dass Ihr Chauffeur Hammond von der Trinkgesellschaft erfahren hat und –"

Gramont begann. „Hammond? Nein. Ich werde ohne Frage für ihn einstehen, Lucie. Weiß Fell übrigens etwas darüber, dass Hammond der erste Masker war?"

„Nicht von mir", sagte das Mädchen und beobachtete ihn.

„Sehr gut. Hammond ist in Houma in Schwierigkeiten geraten, und ich musste ihn dort zurücklassen. Es war nicht seine Schuld, und er wird ohne Probleme davonkommen. Dann kommen Sie doch mal zu unserem Öltreffen! Vergiss deine Sorgen und lass dich noch nicht von meinem Gekrächze über einen neuen Schock beunruhigen."

Er dachte an Jachin Fell und die Nähe des Mädchens zu Fell. Hätte er nicht gewusst, dass Fell dafür verantwortlich war, dass Hammond im Gefängnis war, hätte er vielleicht anders gedacht. So wie es war, war er jetzt vorgewarnt und gewappnet, obwohl er nicht erkennen konnte, welche Feindseligkeit Fell gegen Hammond haben könnte.

Es war ein Glück, dachte er grimmig, dass er niemandem außer Lucie die Tatsache mitgeteilt hatte, dass Hammond der erste Masker gewesen war! Hätte Fell diese Tatsache gewusst, wäre sein Wunsch , Hammond an die

Fersen zu legen, möglicherweise leicht in Erfüllung gegangen – und Hammond wäre wahrscheinlich wegen Maillards Mordes angeklagt worden.

Sie fanden Jachin Fell dabei, wie er einem Stenographen diktierte. Er begrüßte sie herzlich und führte sie sofort in sein Privatbüro.

Gramont schwer, sich davon zu überzeugen, dass seine Erlebnisse vom vergangenen Nachmittag real waren. Es war fast unmöglich zu glauben, dass dieser schüchterne, entschuldigende kleine Mann in Grau in Wirklichkeit der „Mann von oben" war! Doch er wusste, dass es so war – wusste, dass es kein Entrinnen gab.

„Übrigens", und Fell wandte sich an Gramont , „wenn Sie eine kurze Stellungnahme zu diesem Ölaustritt diktieren würden, wäre ich Ihnen dankbar! Nennen Sie lediglich die Fakten. Möglicherweise brauche ich eine solche Stellungnahme von Ihnen."

Gramont nickte und ging zu dem Stenographen ins Vorbüro, wo er eine kurze Erklärung diktierte. Es kam ihm nicht in den Sinn, dass darin eine Gefahr bestehen könnte; im Moment war er ziemlich unvorbereitet. Er dachte so sehr über seinen zukünftigen Angriff auf Fell nach, dass er die Möglichkeit, in die Defensive gedrängt zu werden, völlig außer Acht ließ.

Jachin Fell zurückgekehrt , die den Zustand von Mrs. Maillard besprachen. Gramont unterschrieb die Erklärung und reichte sie Fell, der sie neben die anderen Papiere legte.

„Ich nehme an, wir können mit dem Geschäft fortfahren?" begann Fell. „Ich habe die Satzung einer Partnerschaft ausgearbeitet; wir können die Gründung später beantragen, wenn wir das wünschen. Lucie, sowohl Henry Gramont als auch ich stecken 25.000 Dollar in dieses Unternehmen, während Sie Ihr Land einbringen, das ich schätze in gleicher Höhe. Der Bestand wird daher zu gleichen Teilen unter uns aufgeteilt. Das ist klar?"

„Ja. Das ist sehr nett von dir, Onkel Jachin ", sagte das Mädchen leise. „Ich überlasse alles deinem Urteil."

Der kleine graue Mann lächelte.

„Das Urteilen ist ein schlechtes Pferd zum Reiten, wie Eliza sagte, als sie das Eis überquerte. Hier ist alles schwarz auf weiß. Ich schlage vor, dass Sie beide einen Blick auf die Artikel werfen, sich anmelden, und dann werden wir unser erstes Treffen abhalten."

Gramont und Lucie lasen die Partnerschaftsvereinbarung durch und fanden sie völlig korrekt.

„Also gut, die Versammlung ist zur Ordnung einberufen !" Jachin Fell lächelte, als er auf den Schreibtisch vor ihm klopfte. „Wahl der

Vorstandsmitglieder – nein, warten Sie! Als Erstes müssen wir unserem Unternehmen einen Namen geben. Vorschläge?"

„Daran habe ich letzte Nacht gedacht", sagte Lucie und lächelte ein wenig. „Warum nennen wir es nicht ‚American Prince Oil Company'?" Und ihr Blick huschte fröhlich zu Gramont .

"Exzellent!" rief Jachin Fell aus. „Meine Stimme stimmt mit Ihrer überein, mein Lieber – ich werde die Lücken mit diesem Namen ausfüllen. Nun zur Wahl der Offiziere."

„Ich nominiere Jachin Fell zum Präsidenten", sagte Gramont schnell.

„Abgeordnet!" rief das Mädchen fröhlich aus, ein wenig Farbe in ihren blassen Wangen.

„Noch weitere Nominierungen? Wenn nicht, dann genehmigt und angeordnet", rasselte Fell lachend. „Für das Amt des Schatzmeisters –"

„Fräulein Lucie Ledanois !" sagte Gramont . „Nominierungen verschieben, geschlossen werden."

„Abgeordnet und getragen von einer Zweidrittelmehrheit der Aktionäre", zwitscherte Fell mit seiner tonlosen Stimme. „So genehmigt und angeordnet. Für die Sekretärin –"

„Unser dritter Aktionär", warf Lucie ein. „Er muss natürlich ein Offizier sein!"

„Abgeordnet und getragen. So genehmigt und angeordnet." Mr. Fell klopfte auf den Tisch. „Wir werden jetzt den Bericht unseres erfahrenen Geologen erhalten, der detaillierter ist als bisher."

Gramont erzählte, dass er das Öl gefunden hatte; Er ließ sich nicht von der fröhlichen Scheinfeierlichkeit von Jachin Fell mitreißen und blieb ernst. Er erzählte weiter, wie er sich die Pachtoption für das angrenzende Grundstück gesichert hatte, und schlug vor, sich sofort andere solche Optionen für andere Grundstücke in der Nachbarschaft zu sichern . Er übergab die Option Fell, der sie zu den anderen Dokumenten legte.

„Und jetzt muss ich selbst einen Vorschlag machen", sagte Jachin Fell. Er wirkte nüchtern, als wäre er von Gramonts Verhalten beeinflusst. „Obwohl wir tatsächlich Öl vor Ort gefunden haben, gibt es keine Möglichkeit, vorherzusagen, wie viel wir bei unseren Bohrungen finden werden oder welche Qualität es haben wird. Ist das nicht korrekt, Mr. Gramont ?"

„Völlig so", stimmte Gramont zu . „Die Chancen stehen natürlich gut, dass wir sowohl qualitativ als auch quantitativ Öl finden. Andererseits kann es auch sein, dass nur die Versickerung erfolgt. Öl ist von Anfang bis Ende ein Glücksspiel. Ich persönlich würde jedoch stark aufs Spiel setzen." zu dieser Aussicht."

„Natürlich", sagte Herr Fell. „Allerdings habe ich mit einer Reihe von Männern, die im Houma-Feld aktiv daran beteiligt waren, über das Ölgeschäft gesprochen. Ich denke, ich kann mit Sicherheit sagen, dass ich über die Mineralrechte an den Grundstücken unseres Unternehmens verfügen kann, zusammen mit dieser Pachtoption." Gestern haben wir uns das Grundstück auf dem angrenzenden Grundstück für eine Summe von ungefähr einhundertfünfzigtausend Dollar gesichert und unserem Unternehmen einen sechzehnten Anteil an jeglichem Öl auf dem Grundstück vorbehalten. Ich persönlich glaube, dass dies möglich ist, und bin bereit, die Verhandlungen zu übernehmen wenn ja, durch eine Mitteilung unserer Aktionäre bevollmächtigt. Lucie, es macht Ihnen nichts aus, wenn wir rauchen, ich weiß? Lassen Sie mich Ihnen eine Zigarre anbieten, Mr. Gramont .

Gramont nahm einen der ihm angebotenen El Reys und zündete ihn in erschrockenem Schweigen an. Fells Vorschlag empfand er als deutlichen Schock, und er betrachtete ihn bereits im Lichte eines sofortigen Verdachts.

„Nun", rief Lucie mit großen Augen, „das wären für jeden von uns fünfzigtausend Dollar, und es wäre kein einziger Cent ausgegeben worden!"

„Falls es auf dieser Grundlage zustande kommen würde", fügte Jachin Fell mit Blick auf Gramont hinzu , „würde ich dafür stimmen, dass die gesamte Summe an Miss geht." Ledanois . Allein ihr Land ist betroffen. Wenn sie dann mit uns in ein neues Unternehmen investieren möchte, um weitere Bereiche zu erschließen, schön und gut. Einen Moment, mein Lieber! Protestieren Sie nicht gegen diesen Vorschlag. Der sechzehnte Anteil, der unserem Unternehmen vorbehalten ist, würde sowohl Herrn Gramont als auch mir eine beträchtliche Belohnung für unsere geringe Aktivität in dieser Angelegenheit einbringen. Vergessen Sie diese Zinsen nicht, denn sie könnten eine große Summe ausmachen.

„Richtig", stimmte Gramont zu . „Ich würde Ihre Stimme unterstützen, Mr. Fell; ich halte die Idee für sehr gerecht und richtig, dass Miss Ledanois den gesamten Betrag erhalten sollte."

Lucie schien ein wenig verwirrt zu sein.

„Aber – aber, Henry!" rief sie aus. „Was halten Sie davon, den Mietvertrag an diese anderen Männer zu verkaufen?"

Gramont betrachtete nachdenklich den Rauch seiner Zigarre und war sich völlig bewusst, dass Mr. Fell ihn sehr fest ansah.

„Ich kann nicht für dich antworten, Lucie", sagte er schließlich. „Ich würde mir nicht anmaßen, einen Rat zu geben."

Mr. Fell sah leicht erleichtert aus. Lucie blieb jedoch hartnäckig.

„Was würden Sie dann tun, wenn Sie an meiner Stelle wären?"

Gramont zuckte mit den Schultern.

„In diesem Fall", sagte er langsam, „würde ich wetten. Wir wissen, dass sich Öl in diesem Boden befindet; wir wissen, dass es in großen Mengen in Houma oder in der Nähe von dort gefunden wurde. Meiner Meinung nach besteht darüber kein Zweifel." Ihr Land ist ein Teil desselben Ölfelds – und zwar eines reichen. Fünfzehn Sechzehntel dieses Öls für einhundertfünfzigtausend zu verkaufen, bedeutet, es zu verschenken. Ich würde lieber mein Risiko eingehen und einen Gusher mit zwanzigtausend Fässern ergattern und das Ganze für mich allein zu haben. Missachte jedoch auf jeden Fall meine Worte; das ist nicht meine Angelegenheit."

Lucie warf einen Blick auf Jachin Fell.

„Du denkst, es sei das Beste, was man tun kann; Henry nicht", sinnierte das Mädchen. „Ich weiß, dass ihr beide an mich denkt – daran, das Geld für mich zu bekommen. Trotzdem, Onkel Jachin , ich – ich werde nicht vorsichtig sein! Ich werde wetten! Außerdem", fügte sie mit lächelnder Naivität hinzu, „ Ich bin kein bisschen bereit, gleich nach der Gründung auf eine echte Ölgesellschaft zu verzichten! Also werden wir dich überstimmen, Onkel Jachin ."

Trotz ihrer Anspannung lächelten die beiden Männer über ihre letzten Worte.

„Dieser Antrag von mir wurde noch nicht gestellt " , sagte Fell. Ihre Ablehnung seines Vorschlags hatte keinen Einfluss auf sein schüchternes, sanftes Auftreten. „Würden Sie uns einen Moment entschuldigen, Lucie? Wenn ich mit Ihnen im Vorzimmer sprechen darf, Mr. Gramont , möchte ich Ihnen einige vertrauliche Angelegenheiten zeigen, die Ihre diesbezügliche Entscheidung beeinflussen könnten."

Lucie nickte und lehnte sich in ihrem Stuhl zurück.

Gramont begleitete Fell ins Vorbüro, wo Fell den Stenographen schickte, um Lucie Gesellschaft zu leisten. Als sich die Tür geschlossen hatte und sie allein waren, nahm Fell einen Stuhl und bedeutete Gramont , sich auf einen anderen zu setzen. In seinem Auftreten war eine kühle Brutalität zu erkennen.

„ Gramont ", sagte er energisch, „ich werde diesen Antrag stellen, und ich möchte, dass Sie mit mir gegen Lucie stimmen. Leider habe ich nur ein

Drittel der Stimmrechte. Ich könnte Lucie zu einer Zustimmung bewegen, aber sie." Es ist schwierig, mit dieser Person zu streiten. Deshalb meine ich, dass Sie mit mir abstimmen sollen – und ich werde meine Karten vor Ihnen auf den Tisch legen."

"Ah!" Gramont betrachtete ihn kühl. „Ihre Karten müssen überzeugend sein!"

„Das sind sie", antwortete Jachin Fell. „Ich habe diesen Punkt – den Punkt des Verkaufs – sorgfältig vorbereitet. Ich habe praktisch die ganze Angelegenheit arrangiert. Ich schlage vor, die Mineralrechte an diesem Land zu verkaufen, größtenteils auf der Grundlage der unterzeichneten Erklärung, die Sie mir vor wenigen Augenblicken gegeben haben . Diese Aussage wird weithin bekannt gemacht und durch andere Berichte über den Ölaustritt untermauert."

„Du interessierst mich seltsam." Gramont lehnte sich in seinem Stuhl zurück. Die Blicke der beiden Männer trafen sich und waren von kalter Herausforderung und kalter Feindseligkeit geprägt. „Was ist dein Motiv, Fell?"

„Ich sage Ihnen: Es ist das Interesse von Lucie Ledanois ." In Fells Blick lag eine seltsame Ernsthaftigkeit. In diesen blassgrauen Augen strahlte jetzt ein Licht wilder Aufrichtigkeit, das Gramont erschreckte und warnte . Fell fuhr mit einem Anflug von Aufregung in seinem Ton fort.

„Ich kenne dieses Mädchen ihr ganzes Leben lang, Gramont , und ich liebe sie als Vater. Ich habe ihre Mutter vor ihr geliebt – auf eine andere Art. Ich kann Ihnen sagen, dass Lucie in diesem Moment arm ist. Ihr Haus ist verpfändet; Sie weiß tatsächlich nicht, wie arm sie wirklich ist. Natürlich wird sie kein Geld von mir als Geschenk annehmen. Aber wenn sie 150.000 Dollar für ein Geschäft bekommt, werden all ihre Probleme gelöst sein , das ist ihr klar auf den Beinen fürs Leben!"

„Ich verstehe", sagte Gramont mit rauem Impuls. „Was hast du davon?"

Er bereute die Worte sofort. Fell erhob sich halb von seinem Stuhl, als wolle er ihnen mit einem Schlag antworten. Gramont war sich seines Fehlers bewusst und beeilte sich, ihn zurückzuziehen.

„Verzeih mir, Fell", sagte er schnell. „Das war eine ungerechtfertigte Unterstellung, und das weiß ich. Dennoch kann ich Ihnen nicht zustimmen. Ich bin fest davon überzeugt, dass mit Lucies Land ein Vermögen in Öl gemacht werden kann. Das kann ich einfach." Ich bin nicht damit einverstanden, für einen vergleichsweise kleinen Betrag zu verkaufen, und ich werde kämpfen, um sie davon zu überzeugen! So wie ich es sehe, wäre die Sache nicht nur für sie. Ich denke, wie Sie, nur an sie Interesse."

Ein Licht sardonischen Spottes glitzerte in den blassen Augen von Jachin Fell.

„Sie stützen Ihre feste Überzeugung", fragte er, „weitgehend auf Ihre Entdeckung des freien Öls?"

„Im Großen und Ganzen ja."

„Das dachte ich mir", und Fell lachte harsch.

"Wie meinst du das?"

„Ich meine", sagte der andere mit grimmigem Ernst, „dass ich einen Monat lang daran gearbeitet habe, dieses Land zu verkaufen! Ich habe den jungen Maillard an den Haken genommen und gelandet – es wäre poetische Gerechtigkeit gewesen, ihn dazu zu bringen, Lucie ein kleines Vermögen zu übergeben."! Aber dieser Deal ist gescheitert, da er im Gefängnis sitzt. Und wissen Sie, warum der junge Maillard das Land kaufen wollte? Aus dem gleichen Grund, aus dem Sie es nicht verkaufen wollen. Ich habe ihn dorthin geschickt und er hat den Ölaustritt gesehen Ich meinte, dass er es tun sollte! Er dachte, er würde Lucie aus ihrem Land häuten, ohne zu träumen, dass ich eine hübsche kleine Falle vorbereitet hatte, um ihn zu verschlingen. Und jetzt kommst du mit –"

„Mann, worauf willst du hinaus?" rief Gramont aus . Er war erschrocken über das, was er im Gesicht des anderen Mannes lesen konnte.

„Nur, dass ich die Ölgrube selbst angelegt habe – oder sie von Männern machen ließ, denen ich vertrauen konnte", sagte Jachin Fell ruhig. Er lehnte sich in seinem Stuhl zurück und nahm mit einer Miene der Endgültigkeit seine Zigarre in die Hand. „Das Geständnis ist schamlos. Ich liebe Lucie mehr als meine eigene ethische Reinheit. Außerdem habe ich vor, niemandem in dieser Angelegenheit Unrecht zu tun."

Gramont saß unbeschreiblich fassungslos da. Der Ölaustritt – eine Pflanze!

Die Sache hätte natürlich sehr einfach gemacht werden können. Während er schweigend dasaß, entfalteten sich vor ihm die Motive, die Fells gesamtem Vorgehen zugrunde lagen. Die erstaunliche Enthüllung von Jachin Fells Intrigen, das Mädchen zu bereichern, verwirrte ihn . Dies, gepaart mit dem, was er am Vortag über Jachin Fell erfahren hatte, brachte sein eigenes Vorgehen in große Verwirrung.

Es gab keinen Grund, an Fells Aussage zu zweifeln. Gramont glaubte, dass der kleine Mann seine Liebe zu Lucie aufrichtig meinte.

„Egal wie das Ergebnis ausfällt, Ihr Ruf wird dadurch nicht beeinträchtigt“, sagte Fell ruhig. „Die Firma, die dieses Land von Lucie kaufen wird, wird von mir kontrolliert. Verstehen Sie? Auch wenn dort nie Öl gefunden wird, werde ich dafür sorgen, dass Ihnen aufgrund dieser unterzeichneten Erklärung kein Schaden entsteht.“

Gramont nickte verständnislos. Er erkannte, dass Fell diesen ganzen Geschäftsplan mit höllischem Einfallsreichtum ausgeheckt hatte; hatte es sich ausgedacht, um einhundertfünfzigtausend Dollar aus seiner eigenen Tasche zu ziehen und in die von Lucie zu stecken. Es war ein Geschenk, das das Mädchen niemals als Geschenk annehmen würde, das ihr aber, wenn es ihr geschäftlich zugutekäme , finanziell unabhängig machen würde. Niemand würde betrogen werden. Da gab es keine Schikanen. Das Ding war gerade genug.

„Das ist noch nicht ganz mein Plan“, fuhr Fell fort, als würde er Gramonts unausgesprochene Gedanken lesen. „In dem Moment, in dem diese Nachricht veröffentlicht wird, in dem Moment, in dem Ihre Erklärung veröffentlicht wird, wird es in diesem gesamten Abschnitt einen gewaltigen Aufschwung geben. Ich werde mich um Lucies Geld kümmern, und innerhalb von drei Wochen sollte ich es für sie verdoppeln, verdreifachen. Vorher.“ Wenn der Boom platzt, wird sie aus dem Ganzen raus und reich sein. Nun, mein lieber Gramont , ich gehe nicht davon aus, dass Sie sich immer noch weigern werden, mit mir zu stimmen? Ich war ganz offen, verstehen Sie?“

Gramont bewegte sich auf seinem Stuhl.

"Ja!" sagte er mit leiser Stimme. „Ja, beim Himmel, ich weigere mich!“

Mit Mühe überprüfte er die hitzigen, impulsiven Worte, die ihm auf der Zunge lagen. Ein einziges Wort könnte ihn jetzt ruinieren. Er wagte nicht zu sagen, dass er nicht wollte, dass Fells Geld in die Hände von Lucie gelangte – Geld, das er durch Betrug, Diebstahl und Verbrechen erlangt hatte! Er wagte es nicht, die Gründe für seine Ablehnung anzugeben. Er hatte vor, Fell völlig zu vernichten – aber ein falsches Wort würde den Mann völlig warnen. Er darf nichts sagen.

„Es ist keine direkte Arbeit, Fell. Ganz gleich, welche Beweggründe Sie haben, ich weigere mich, mich Ihnen anzuschließen.“

Jachin Fell seufzte leicht und legte seine Zigarre präzise ab.

„ Gramont “, seine Stimme ertönte mit der sanft schnurrenden Drohung der Kehle eines Tigers, „ich werde diese Firmenversammlung jetzt um zwei Tage, auf Samstagmorgen, vertagen, um Ihnen ein wenig Zeit zum Überdenken zu geben. Heute ist.“ Donnerstag. Bis Samstag——“

„Ich brauche keine Zeit", sagte Gramont .

„Aber Sie werden es brauchen. Ich nehme an, Sie wissen, dass Bob Maillard wegen Vatermordes verhaftet wurde? Sind Sie sich der Beweise gegen ihn bewusst – allesamt Indizien?"

Gramont runzelte die Stirn. „Was hat das mit unserem jetzigen Geschäft zu tun?"

„Eine ganze Menge, glaube ich." Ein dünnes Lächeln verzog sich um die Lippen von Jachin Fell. „Maillard ist des Mordes nicht schuldig – aber Sie sind es."

"Lügner!" Gramont sprang von seinem Stuhl auf, als sich diese drei Worte in ihn einbrannten. „Lügner! Du weißt ja, dass ich nach Hause gegangen bin –"

„Ah, warte!" Fell hob seine Hand, um Frieden zu finden. Seine Stimme war ruhig. „Ansley und ich haben Sie sicherlich beide gehen sehen . Seitdem haben wir erfahren, dass Sie erst einige Zeit nach Mitternacht zu Hause angekommen sind. Sie haben definitiv kein Alibi, Gramont . Sie können natürlich behaupten, dass Sie durch die Straßen gewandert sind …" "

"Wie ich war!" rief Gramont hitzig.

„Dann beweisen Sie es, mein lieber Freund. Beweisen Sie es – wenn Sie können. Jetzt werden wir Lucie aus all dem heraushalten. Was bleibt? Ich weiß, dass Sie der Mitternachtsmasker waren. Mein Mann, Ben Chacherre , kann es durch einen anderen Mann beweisen der ihn begleitete, dass die Beute des Masquer aus Ihrem Auto gestohlen wurde. Ein Diktogramm im Privatbüro dort drüben enthält eine Aufzeichnung des Gesprächs zwischen uns neulich Morgen, in dem Sie offensichtlich gestanden haben, der Masquer zu sein.

„Lassen Sie mich diese Reihe von Beweisen einmal dem Bezirksstaatsanwalt übergeben, und Sie werden mit Sicherheit vor Gericht stehen. Und wenn Sie vor Gericht stehen, kann ich Ihnen treu versprechen, dass Sie verurteilt werden. Ich habe Freunde, wissen Sie, und Viele von ihnen haben in so kleinen Angelegenheiten Einfluss."

Es war kein schönes Lächeln, das Fells Lippen verzog.

Gramont unterdrückte jede Antwort und hielt sich mit festem Willen zum Schweigen. Er wagte es, nichts zu sagen, damit er nicht zu viel sagte. Er erkannte, dass Fell ihm tatsächlich Ärger bereiten konnte – und dass er Fell ohne große Verzögerung seinen eigenen Schlag versetzen musste. Es war jetzt ein Kampf; ein Kampf bis zum Ende.

Fell betrachtete Gramont fröhlich und schien dieses erdrückte Schweigen als Beweis für seinen eigenen Triumph zu betrachten.

„Außerdem", fügte er hinzu, „sitzt Ihr Mann Hammond jetzt, wie Sie wissen, wegen Mordes am Sheriff in Houma im Gefängnis. Nun ist mein Einfluss nicht auf diese Stadt, Gramont , beschränkt , ich kann Hammond vielleicht freisprechen." Diese Anklage – wenn Sie sich entscheiden, mit mir zu stimmen. Ich kann das, was ich über die Midnight Masquer weiß, der Presse und dem Bezirksstaatsanwalt vorenthalten – wenn Sie sich entscheiden, mit mir zu stimmen. Verstehen Sie?"

Gramont nickte. Er verstand nun, warum Fell Hammond „etwas antun" wollte. Fell hatte zu Recht argumentiert, dass Gramont mehr tun würde, um Hammond zu retten, als sich selbst zu retten.

„Sie glauben also, ich habe Maillard ermordet?" er hat gefragt.

„ Gramont , ich weiß nicht, was ich denken soll, und das ist die ehrliche Wahrheit!" antwortete Fell mit festem Blick. „Aber ich bin absolut entschlossen, diesen Öl-Deal durchzusetzen, um Lucie Ledanois zumindest unabhängig, wenn nicht sogar reich zu machen. Ich kann es schaffen, ich habe alle meine Pläne dafür gemacht und – ich *werde* es tun!"

„Wir werden übermorgen, Samstagmorgen, ein weiteres Treffen abhalten." Fiel stieg. „Das gibt mir Zeit, alle Vereinbarungen abzuschließen. Ich vertraue darauf, Herr Gramont , dass Sie mit mir für die Vertagung stimmen werden?"

„Ja", sagte Gramont dumpf. "Ich werde."

„Danke", und Jachin Fell verneigte sich leicht, nicht ohne eine Spur von Spott in seiner Miene.

KAPITEL XIII

Die Coin Falls Heads

GRAMONT saß an diesem Nachmittag in seinem eigenen Zimmer. Ihm kam es so vor, als wäre er seit Wochen und Monaten von der Stadt weg gewesen. Doch nur ein Tag war dazwischengekommen. Er saß da und befingerte das einzige Poststück, das er erhalten hatte – eine Mitteilung des Postens der Amerikanischen Legion, der er beigetreten war, mit dem Inhalt, dass an diesem Donnerstagabend ein Treffen stattfinden würde. Nur Donnerstag! Und morgen war Freitag.

Wenn er etwas gegen das Hauptquartier von Fells Bande unternehmen wollte, musste er morgen handeln oder gar nicht. Gumberts sollte morgen draußen sein. Gumberts würde mit dem schäbigen kleinen Mann mit den hervorstehenden Zähnen und den Polypen reden, würde feststellen, dass Gramont ihn aufgedrängt hatte, und es würde Aufruhr geben. Die Bande würde auf jeden Fall die Flucht ergreifen oder zumindest dafür sorgen, dass Gramont den Mund hielt.

Er saß da, befingerte die Post der Legion und ging in Gedanken die Ereignisse durch. Gegenüber Fell hegte er eine besondere Feindseligkeit. Alles, was der kleine graue Mann getan hatte, geschah mit dem Gedanken an Lucie Ledanois als Ansporn.

„Er kann sich aber nicht vorstellen, dass Lucie das Geld nicht hätte, wenn sie wüsste, dass es aus kriminellen Quellen stammt", dachte er und lächelte bitter. „Er plant schon lange, ihr ein Vermögen zu machen, und jetzt ist er entschlossen, es ohne Rücksicht auf mich durchzusetzen. Es war klug von ihm, Hammond ins Gefängnis zu bringen! Er vermutete, dass ich viel tun würde, um die Rothaarige zu retten …" Mehr noch, als um mich selbst zu retten. Mächtig schlau! Und jetzt ist er sich ziemlich sicher, dass er mich in der Klemme hat, in der ich mich nicht bewegen kann.

„Wenn ich einen Schlag ausführen soll, muss ich es morgen tun – auch noch vor Mittag. Ich muss hier sehr früh aufbrechen und dort ankommen, bevor Gumberts es tut. Was war das, Hammond? sagte an jenem Tag über ihn – dass niemand im Land jemals Memphis Izzy gefangen hätte? Ich wette, ich könnte es schaffen, und seine ganze Bande mit ihm – wenn ich wüsste, wie. Das ist das Problem! Fell wird keine Minute zögern, mich zu haben verhaftet. Und wie er sagte: Sobald er mich verhaftet hätte, wäre ich weg. Er muss in der Lage sein, mächtigen Einfluss auszuüben, dieser Mann!"

Sollte er zuschlagen oder nicht? Wenn er zuschlug, würde ihn möglicherweise die volle Wucht von Jachin Fells Rache erwarten – es sei denn, sein Schlag würde Fell zu den Opfern zählen.

Gramont grübelte immer noch über dieses Dilemma, als Ben Chacherre eintraf.

Gramont hörte die Stimme des Mannes auf der Treppe. Bens Unverschämtheit, vielleicht noch zusätzlich zu seinem Namen und dem kreolischen Französisch auf seinen Lippen, hatte ihn unangekündigt am Concierge vorbeigetragen, wenn auch nicht ohne einen ständigen Schlagabtausch, der dazu diente, Gramont vor dem Besucher zu warnen. Gramont lächelte grimmig, zog eine Münze aus seiner Tasche und warf sie.

Die Münze fiel auf den Kopf. Er steckte es wieder ein, als Ben Chacherre klopfte, und öffnete die Tür.

„Ah, Chacherre !" er rief aus. "Komm herein.

Ben stolzierte hinein und schloss die Tür.

„Ich habe eine Nachricht für Sie gebracht, Mr. Gramont ", sagte er unbeschwert und reichte eine Nachricht.

Gramont riss den Umschlag auf und las eine knappe Mitteilung:

> Bitte teilen Sie mir Ihre Antwort so schnell wie möglich mit. Spätestens morgen Abend. Es wird notwendig sein, die Angelegenheiten für Samstag zu arrangieren.
>
> JACHIN FIEL.

Angelegenheiten regeln! Fell ging davon aus, dass Gramont dem Plan unter Zwang zustimmen würde. Er würde wahrscheinlich alles vorbereitet haben, und wenn er sich am Freitagabend von Gramonts Zustimmung überzeugte, würde er seine Fäden in der Hand halten und vielleicht den gesamten Deal noch vor dem darauffolgenden Montag abschließen.

Die Sitzung des Unternehmens war auf Samstagmorgen vertagt worden. Gramont dachte einen Moment nach, dann ging er zu seinem Buhl-Schreibtisch und öffnete ihn. Chacherre hatte bereits Platz genommen. Gramont schrieb:

> MEIN LIEBER HERR FELL ,
>
> Wenn Sie die Firmenbesprechung für morgen Abend, sagen wir um neun Uhr, in Ihrem Büro vereinbaren, dann denke ich, dass dann alles arrangiert werden kann. Da ich Fräulein Ledanois in der Zwischenzeit möglicherweise nicht sehen werde, wären Sie so freundlich, ihre Anwesenheit bei dem Treffen zu gewährleisten?

Er adressierte einen Umschlag an Fells Büro, frankierte ihn und steckte ihn ein.

„Nun, Chacherre “, sagte er, erhob sich und kehrte zum Kreolischen zurück, „gibt es weitere Neuigkeiten aus Houma? Sie haben den wahren Mörder noch nicht gefunden?“

Der andere erhob sich mit einem überraschten Ausruf. Dabei traf ihn Gramonts Faust direkt an der Kieferspitze.

Chacherre sackte auf seinem Stuhl zusammen, für den Moment war er bewusstlos.

„Ich habe Angst, irgendein Risiko mit dir einzugehen, mein feiner Vogel“, sagte Gramont und rieb sich die Knöchel. „Du bist bei weitem zu schlau und zu geschickt im Umgang mit deinen Waffen!“

Chacherres Knöchel und Handgelenke fest . Damit nicht zufrieden, setzte er den Mann auf den Stuhl und fesselte ihn mit gnadenlosen Knoten daran. Als er seine Aufgabe beendet hatte, öffnete Chacherre die Augen und blickte sich schnell um.

„Endlich wach, oder?“ sagte Gramont freundlich. Er holte seine Pfeife, füllte sie und zündete sie an. Die Augen von Chacherre waren jetzt giftig auf ihn gerichtet. „Schade für dich, Chacherre , dass die Münze mit dem Kopf nach oben gefallen ist! Das war eine echte Aktion.“

"Bist du verrückt?" murmelte der andere auf Französisch. Gramont lachte und antwortete in derselben Sprache.

„Es sieht doch so aus, nicht wahr? Du bist schlüpfrig, aber jetzt bist du erwischt.“

Chacherre musste erkannt haben, dass er in Gefahr war. Er unterdrückte einen Fluch und betrachtete Gramont mit beständiger Kühle.

"Seien Sie vorsichtig!" sagte er mit tödlicher Stimme. "Was meinst du damit?"

Gramont sah ihn an und zog an seiner Pfeife.

„Das Spiel ist aus, Ben“, bemerkte er. „Ich weiß alles über den Ort da unten – über die Autos und über die Lotterie. Ihre Bande hatte eine schöne Zeit, nicht wahr? Aber jetzt werden Sie und die anderen ein wenig für den Staat bei den Straßengangs arbeiten. "

„Bah! *Ça ? va rivé in der Woche quatte zheudis !* ‟ spuckte Chacherre verächtlich. „Das wird in der Woche von vier Donnerstagen passieren, du Narr!“ Du weißt also Bescheid, oder? Mein Meister wird dir bald den Mund halten!“

„Das kann er nicht“, sagte Gramont gelassen. „Ihr werdet alle verhaftet sein.“

Chacherre lachte verächtlich und sprach dann mit dieser tödlichen Ernsthaftigkeit.

„Sehen Sie – Sie sind hier ein Fremder? Nun, da Sie so viel wissen, erzähle ich Ihnen mehr! Wir können nicht verhaftet werden, und selbst wenn Sie uns kneifen lassen, werden wir niemals verurteilt. Sie verstehen? Wir haben Einfluss! Es gibt Männer hier in New Orleans, Männer in der Legislative, Männer in Washington, die niemals zusehen werden, wie wir belästigt werden!“

„Sie werden überrascht sein“, sagte Gramont , obwohl er das Gefühl hatte, dass die Worte des Mannes wahr waren. „Aber nicht alle von ihnen sind deine Freunde, Ben. Ich glaube nicht, dass der Gouverneur des Staates zu deiner Bande gehört. Er ist ein ziemlich heterosexueller Mann, Ben.“

„Er ist ein Narr wie du! Was ist er? Eine Marionette! Er kann nichts anderes tun, als uns zu verzeihen, wenn das Schlimmste passiert. Du kannst uns nichts anhaben.“

„Na ja, vielleicht auch nicht“, stimmte Gramont zu und klopfte auf seine Pfeife. „Vielleicht nicht, aber wir werden sehen! Du scheinst dir ziemlich sicher zu sein, wo du stehst, Ben.“

Ermutigt lachte Ben Chacherre unverschämt.

„Lass mich los“, befahl er. „Sonst gehen Sie für die Arbeit des Mitternachtsmaskers über die Straße! Mein Herr hat ein Diktogramm in seinem Büro und Ihr Geständnis ist aktenkundig.“

"Also?" fragte Gramont mit hochgezogenen Brauen. „Sie scheinen Mr. Fells Vertrauen sehr zu genießen, Ben. Aber ich denke, ich lasse Sie eine Weile in Ruhe. Memphis Izzy geht morgen in sein Sommerhäuschen, nicht wahr? Ich werde da sein – aber das wirst du nicht. Übrigens denke ich, dass ich besser in deinen Taschen nachsehen sollte.“

Ben Chacherre wand sich plötzlich und schleuderte einen Sturm von Flüchen auf Gramont .

Dieser durchsuchte den Mann gründlich, ohne auf die Verrenkungen seines Gefangenen zu achten. Abgesehen von einer Geldrolle gaben die Taschen kaum Zinsen preis. Das einzige Papier, das Gramont sicherte, war ein frischer Telegraphenrohling. Er hätte dies unbeachtet gelassen, wenn er nicht bemerkt hätte, dass Chacherres Augen schlangenartig hin und her huschten.

"Ah!" sagte er freundlich. „Sie scheinen daran interessiert zu sein, Ben. Bitte, was ist das Geheimnis?“

Chacherre starrte ihn nur schweigend an. Gramont untersuchte den Rohling und ein plötzlicher Ausruf brach aus ihm hervor. Er hielt das gelbe Stück Papier in verschiedenen Winkeln gegen das Licht.

„Es ist das Natürlichste auf der Welt", sagte er nach einem Moment, „dass ein Mann in ein Telegrafenbüro geht, sein Telegramm aufschreibt und dann feststellt, dass er zwei Leerzeichen statt einem aus dem Block auf dem Schreibtisch gerissen hat." . Äh? Ich habe es oft gemacht – und ich habe immer den zusätzlichen Rohling in meine Tasche gesteckt, Ben, weil ich dachte, es könnte nützlich sein; genau wie du, äh? Jetzt mal sehen!

„Sie waren aufgeregt, als Sie das geschrieben haben, nicht wahr? Ihnen war gerade etwas sehr Wichtiges eingefallen, und Sie haben sich eilig darum gekümmert – das hat Sie dazu gebracht, mit dem Bleistift ziemlich heftig nach unten zu stoßen. Wer ist Dick Hearne bei Houma? Ein Agent von der Bande dort?"

Chacherre blickte ihn nur wütend und trotzig an. Wort für Wort verstand Gramont die Botschaft:

Brennen Sie ein Bündel unter dem Rücksitz meines Autos. Habe es sofort erledigt.

Gramont blickte auf und lächelte dünn.

Gumberts gelassen , nicht wahr? Der kleine Roadster von Fell mit dem zusätzlichen Sitz hinten. Wenn du gestern nur ein bisschen kühler gewesen wärest, Ben, hättest du weniger gemacht Es ist Ihnen nie in den Sinn gekommen, dass andere Leute dort im Gebüsch gewesen sein könnten, als der Sheriff ermordet wurde, oder? "

Chacherre wurde wütend.

„Es war ein weiterer Fehler, Ihr Messer wegzuwerfen, nachdem Sie ihn getötet hatten", fuhr Gramont nachdenklich fort. „Du hättest dieses Messer behalten sollen, Ben. Denken Sie daran, auf Hammonds Messer ist kein Blut – das lässt sich für Sie und Ihre Freunde nur schwer plausibel erklären. Und doch ist Ihr Messer voller Blut, und Tests werden ergeben, dass es sich um menschliches Blut handelt . Außerdem steht auf dem Messer Ihr Name; es ist auch ein recht hübsches Messer. Im Großen und Ganzen müssen Sie zugeben, dass Sie den Mord von Anfang bis Ende vermasselt haben –"

Chacherre unterbrach ihn mit einem schrecklichen Fluch – einem wahnsinnig obszönen Sturm von Flüchen. Seine Worte waren so wütend, dass Gramont ihn sehr effizient mit Tüchern knebelte, hart und schnell.

„Du hast auch verpfuscht, als du ganz vergessen hast, dieses Bündel zu verbrennen, in deiner Aufregung darüber, dass Hammond wegen Mordes ins

Gefängnis kommt", bemerkte er und beobachtete, wie Chacherre sich krümmte. „Nein, du kannst nicht loskommen, Ben. Bis zu deiner Freilassung wirst du ein wenig leiden , aber ich kann wirklich nicht viel Mitleid mit dir haben."

„Ich denke, dass ich Dick Hearne ein weiteres Telegramm zu diesem Rohling schicken werde, den Sie mir mit Bedacht zur Verfügung gestellt haben. Ich werde ihm in Ihrem Namen befehlen, dieses Bündel doch nicht zu verbrennen; ich vermute, dass es für mich von Wert sein könnte." . Und ich werde auch Ihrem Freund sagen – ich nehme an, er hat ein bekanntes Beiname, etwa „Slippery Dick" –, dass er sich am frühen Morgen mit Henry Gramont in Houma treffen soll. Ich würde Dick gerne mit den anderen Herren zusammenbringen. Das werde ich Erwähnen Sie, dass Sie so freundlich waren, einige Namen und Vorfälle anzugeben.

Bei diesem letzten Schlag zuckte Ben Chacherre erneut, denn es war ein kluger Schlag. Er und seine Freunde gehörten zu der Klasse von Gaunern, die niemals „nachgeben". Wenn jemand aus dieser Klasse durch einen Zufall ins Gefängnis kommt und verurteilt wird, nimmt er seine Medizin stets stillschweigend ein, wohl wissend, dass die ganze Bande hinter ihm steht und dass ihn nach seiner Entlassung aus dem Gefängnis mit Sicherheit Geld, Freunde und eine Beschäftigung erwarten.

Zu wissen, dass er nach Einschätzung der Bande in die gleiche Klasse wie die „Stofftauben" eingestuft werden würde, muss Ben tiefer ins Herz gerissen haben Chacherre als jede andere Wimper. Er starrte Gramont mit einem schrecklichen Hass in seinen glühenden Augen an – ein Hass, der sich allmählich in einen Ausdruck der Hilflosigkeit und ohnmächtiger Verzweiflung verwandelte.

Gramont war inzwischen damit beschäftigt, das Telegramm an Dick Hearne zu verfassen. Nachdem er fertig war, holte er Hut und Mantel, holte aus der Kommodenschublade eine automatische Pistole und steckte sie ein. Dann lächelte er seinen Gefangenen freundlich an.

„Ich komme etwas später zurück, Ben, und ich werde wahrscheinlich einen Freund mitbringen – einen Freund, der heute Abend bei dir sitzt und sich um deine Gesundheit kümmert. Art von mir, nicht wahr? Es wird schon spät am Nachmittag, aber ich glaube nicht, dass es Ihnen schaden wird, auf das Abendessen zu verzichten. Ich werde Mr. Fell anrufen, dass Sie gesagt haben, dass Sie ein paar Stunden weg sein würden, nicht wahr?

„Heute Abend, Ben, denke ich, dass ich an einem Treffen meines Postens in der American Legion teilnehmen werde. Du gehörst nicht zufällig dieser Organisation an? Nein, ich bin ganz sicher, dass du das nicht tust. Sehr wenige davon Ihre exklusiven Bekannten gehören wirklich dazu. Na ja, bis später! Arbeiten Sie an diesen Anleihen, so viel Sie wollen – Sie sind ganz sicher. Ich bin gespannt, was sich in dem Bündel unter dem Rücksitz Ihres Autos befindet; ich habe eine Ahnung es könnte sich als interessant erweisen. Guten Tag!"

Gramont schloss die Tür und verließ das Haus.

Als er in die Innenstadt ging, schickte er den Brief per Post an Fell, in der Zuversicht, dass dieser ihn am nächsten Morgen erhalten würde; aber er rief Fell nicht an. Er zog es vor, die Abwesenheit von Chacherre ungeklärt zu lassen, da er zu Recht davon ausging, dass Fell sich um den Mann keine besonderen Sorgen machen würde. Es war jetzt Donnerstagabend. Die Sitzung des Ölkonzerns würde am Freitagabend um neun Uhr stattfinden. Zwischen diesen beiden Zeiten stellte Gramont fest, dass viele Dinge passierten.

Er kicherte, als er das Telegramm an Dick Hearne in Houma schickte – ein Telegramm mit dem Namen Chacherre , in dem er Hearne anwies, das Bündel nicht zu verbrennen, sondern sich früh am Morgen mit Gramont in Houma zu treffen . Er hatte eine sehr kluge Idee, dass sich dieser Dick Hearne als eine wichtige Person erweisen könnte, die es zu beseitigen gilt, und dass er nach seiner Beseitigung sehr nützlich sein könnte. Mit dieser Vermutung hatte er Recht.

KAPITEL XIV

Chacherres Bündel

Es war sieben Uhr morgens, als Henry Gramont mit seinem Auto nach Houma fuhr.

Chacherres Unterschrift geschickt hatte, hatte er Dick Hearne angewiesen, Gramont etwa um diese Zeit in einem Restaurant in der Nähe des Gerichtsgebäudes zu treffen . Gramont stellte sein Auto am Straßenrand ab, ging ins Restaurant und bestellte hastig ein Frühstück. Er hatte Kopien der Morgenzeitungen mitgebracht und las gerade die Berichte über Bob Maillards erbärmlich schwache Geschichte über die Ermordung seines Vaters, als ein Fremder neben ihm stehen blieb.

„ Gramont ?" sagte der andere. „Ich dachte, du wärst es. Hearne ist mein Name – ich hatte den Auftrag, dich zu treffen. Was ist los?"

Gramont gegenüber auf den Stuhl fallen , der seine Papiere weglegte. Hearne war ein schlanker Mensch mit blasser Gesichtsfarbe, der der Bande offensichtlich nur als Vermittler und Boten für Besorgungen diente. Dass er nichts ahnte, ging aus seiner lockeren Art hervor, obwohl er Gramont noch nie zuvor gesehen hatte.

„Geschäftlich", sagte Gramont und lehnte sich zurück, um die Kellnerin sein Frühstück servieren zu lassen. Als sie gegangen war, griff er es hungrig an. „Haben Sie Chacherres Telegramm wegen dem Zeug in seinem Auto? War es verbrannt?"

„Nein. Er widerrief es, gerade als ich ein Auto mietete , um nach Paradis zu fahren", sagte Hearne. „Was ist überhaupt los ?"

„Viel. Memphis Izzy kommt heute runter. Wann kommt er rein?"

„Er wird direkt zum anderen Ort gehen und nicht hierher kommen. Oh, ich schätze, er wird heute Morgen gegen neun Uhr dort ankommen. Warum?"

„Wir müssen dorthin gehen, um ihn zu treffen", sagte Gramont . „Ich bin hier vorbeigekommen, um dich abzuholen. Hammond ist immer noch in Sicherheit im Gefängnis?"

"Sicher." Hearne lachte böse. „Ich glaube auch nicht, dass er so schnell rauskommt!"

„ Chacherre wurde letzte Nacht wegen Mordes angeklagt", sagte Gramont und beobachtete den anderen.

"Die Hölle!" Hearne sah erstaunt aus, dann entspannte er sich und lachte erneut. „Dann wird irgendein Flieger- Cop bestimmt seine Knöpfe verlieren! Die haben nichts gegen ihn."

„Ich habe gehört, dass sie reichlich hatten."

"Mach dir keine Sorge." Hearne wedelte großspurig mit der Hand. „Der Chef ist bis Baton Rouge mit der Truppe zusammen und sie werden sich um jeden kümmern. Der alte Ben wurde also gekniffen, oder? Das ist doch ein Witz, Mann!"

Gramonts schlimmster Verdacht wurde durch die Haltung Hearnes bestätigt, der eindeutig davon ausging, dass die gesamte Bande vom Gesetz nichts zu befürchten hatte. Chacherres Prahlereien wurden solide untermauert. Für Gramont war klar, dass die Verzweigungen der Bande tatsächlich bis weit nach oben reichten.

„Beenden Sie lieber das Gespräch", sagte er knapp, „bis wir hier rauskommen."

Hearne nickte und drehte sich eine Zigarette.

Als seine hastige Mahlzeit beendet war, bezahlte Gramont an der Theke und ging voran. Er deutete auf das Auto, und Hearne stieg gehorsam ein, da er in der Bande offensichtlich von so geringer Bedeutung war, dass er es gewohnt war, von jedem Befehle entgegenzunehmen.

Gramont verließ die Stadt und nahm die Straße nach Paradis . Bevor er jedoch eine Meile gefahren war , hielt er an, stieg aus und hob eine Seite der Motorhaube an.

„Gib mir die Lumpen vom Boden des Autos, Hearne", sagte er kurz.

Der andere gehorchte. Da Gramont keine Anstalten machte, sie abzuholen, stieg Hearne aus dem Auto; dann erhob sich Gramont unerwartet vom Motor und Hearne blickte in eine Pistole.

„Strecken Sie Ihre Hände hinter sich aus und drehen Sie sich um!" schnappte Gramont . „Keine Rede!"

Hearne stotterte einen Fluch, aber als die Pistole auf ihn zuckte , gehorchte er dem Befehl. Gramont nahm die Stoffstreifen, die er zuvor vorbereitet hatte, und fesselte die Handgelenke des Mannes.

„Das ist besser als Handschellen", kommentierte er. „Zu viele aalglatte Menschen können Armbänder loswerden – aber Sie haben die Aufgabe, diese loszuwerden! Ah! Eine Waffe in der Tasche, was? Danke."

„Was sollst du tun ?" rief der verwirrte Hearne aus.

„Ich verhafte Sie", sagte Gramont fröhlich.

„Hier, wo ist Ihr Durchsuchungsbefehl? Du bist kein Idiot –"

Gramont unterbrach seine Proteste mit einem langen Tuch, das seinen Unterkiefer effektiv festhielt und jede weitere Idee des Redens ausschloss.

„Steig in das Auto, Hearne", befahl er, „und als Nächstes kümmere ich mich um deine Füße. Das ist der Junge! Nichts geht über eine ruhige Haltung, Hearne. Du wusstest nicht, dass ich der Kerl war, der den alten Ben gekniffen hat.", hast du? Aber ich bin es. Und noch vor Einbruch der Dunkelheit wird deine ganze Truppe angeschlossen sein, vom großen Boss bis hinunter zu dir."

Gramont fesselte Dick Hearne an Händen und Füßen und band ihn dann an einer der oberen Stützen des Wagens fest. Als er fertig war, war Hearne einigermaßen sicher. Anschließend kletterte er erneut unter das Lenkrad und setzte seinen Weg fort. Hearnes Peitschenhiebe waren für jeden, an dem das Auto vorbeifuhr, unauffällig.

Es war kurz nach acht Uhr morgens, als Gramont nach Paradis fuhr. Er bemerkte, dass vor dem Postamt zwei große Autos standen und dass sich um sie herum eine Gruppe Männer befand, die ihn und sein Auto mit einigem Interesse beäugten. Ohne darauf zu achten, fuhr er ohne anzuhalten weiter durch die Stadt.

Als er die Nordstraße entlangzog, traf er auf niemanden. Als er schließlich die Ledanois -Farm erreichte, fuhr er zu dem verlassenen Haus und parkte den Wagen zwischen einigen Bäumen, wo er von der Straße aus nicht gesehen werden konnte.

„Du wirst bald angenehme Gesellschaft haben, Dicky, mein Junge", bemerkte er fröhlich. Eine letzte Inspektion ergab, dass sein Gefangener ziemlich sicher war. „Setzen Sie sich in der Zwischenzeit hin und meditieren Sie über Ihre Sünden, von denen ich vertraue, dass sie zahlreich und tiefgreifend waren. Chacherre steht vor einem Mord und versucht, seinen Hals zu retten, indem er den Rest Ihrer Bande angreift. Vielleicht geben wir Ihnen eine Chance dazu." Tun Sie das Gleiche und untermauern Sie seine Aussage. Es lohnt sich, darüber nachzudenken, nicht wahr?

„Vielleicht glauben Sie, dass Sie vor einer Verurteilung sicher sind. Wenn ja, trösten Sie sich, solange Sie können – ich werde es riskieren! Wenn Memphis Izzy vorbeikommt, werde ich ein nettes, gemütliches kleines Gespräch mit ihm führen. Dann wir „Wir schließen uns alle zusammen und gehen gemeinsam zurück in die Stadt. Verstehst du die Idee? Na, sei brav!"

Gramont verließ das Auto und ging zum Ufer des Bayou und folgte diesem in Richtung des angrenzenden Grundstücks. Mit einem bitteren

Lächeln auf den Lippen blickte er auf das Wasser und erkannte erneut den schwachen schillernden Ölschimmer. Als er zu dem Bach kam, der das Öl hervorbrachte, hielt er inne. Er erinnerte sich an die Aufregung, die ihn zwei Tage zuvor so erschüttert hatte, als er dieses angebliche Leck entdeckt hatte – ironischerweise erinnerte er sich an die Visionen, die es in seinem Gehirn ausgelöst hatte.

„Leb wohl, zu plötzlicher Reichtum!" er murmelte. „Lebe wohl, Schluss mit der Mühe und den Träumen vom Luxus! Ich bin immer noch ein armer, aber ehrlicher Arbeiter – aber ich glaube immer noch, dass es unter diesem Land echtes Öl gibt. Nun, das werden wir vielleicht später sehen. Unsere Firma ist vorbei." Noch ist kein Mittel kaputt!"

Er ging weiter und wunderte sich nicht wenig über die geschickte Kunstfertigkeit von Jachin Fell, dieses Öl anzupflanzen; die Männer von nebenan hatten die Arbeit natürlich erledigt. Gramont versuchte nicht, sich mit der Vorstellung zu täuschen, Fell habe egoistisch gehandelt. Die ganze Angelegenheit war mit geschickter Geheimhaltung abgewickelt worden, nur damit Fells Ölgesellschaft das Land von Lucie kaufen und Fell den daraus resultierenden Boom nutzen konnte, um sie finanziell abzusichern.

„Er glaubt nicht, dass es hier Öl gibt", überlegte Gramont , „und er glaubt ernsthaft daran. Was Lucie betrifft, halte ich den Mann für absolut selbstlos. Er würde alles für sie tun! Und doch ist Jachin Fell ein Feind, ein tödlicher Feind der Gesellschaft! Hm – diese Kriminellen zeigen einige seltsame Seiten. Man kann einen Mann wie Fell nicht als völlig schlecht bezeichnen, jedenfalls nicht; ich werde es fast bereuen, ihn ins Gefängnis geschickt zu haben – wenn ich das tue!"

Er ging weiter zu einer Öffnung im Gebüsch, die ihm über den niedrigen Zaun hinaus freie Sicht auf das Grundstück der Gumberts ermöglichte . Dort hielt er inne, zog sich schnell zurück und erreichte einen Punkt, von dem aus er sehen konnte, ohne Gefahr zu laufen, entdeckt zu werden. Er verfiel in die Unbeweglichkeit und schaute zu.

Daß Memphis Izzy selbst noch nicht angekommen war, da war er sich ziemlich sicher. In der Nähe der Scheune standen zwei Flivver, und auf der Veranda der Hütte saßen drei Männer auf Stühlen, die in diesen Waggons gekommen sein mussten. Gramont war mit einem Fernglas ausgestattet und holte dieses hervor. Es dauerte nicht lange, bis er herausfand, dass ihm alle drei Männer auf der Veranda fremd waren. Sie waren zweifellos Männer im Lotteriespiel, die darauf warteten Gumberts kommt an. Gramont richtete seine Aufmerksamkeit auf die anderen Gebäude.

Sowohl die Scheune als auch die Werkstatt waren geöffnet, und das Summen der Maschinen verriet, dass die Mechaniker hart an den gestohlenen

Autos arbeiteten. Gramont dachte an Ben Chacherre , der immer noch an den Stuhl in seinem Zimmer gefesselt und festgezurrt war, und fragte sich, was sich unter dem Rücksitz von Bens Auto befand. Er konnte das Auto von dort aus sehen, wo er lag.

Die Minuten zogen sich endlos hin, und Gramont ließ sich bequem im Gras nieder. Würde Fell kommen? Er hoffte es, bezweifelte es aber stark. Fell schien lediglich „der Boss" zu sein und es war Gumberts , der tatsächlich den Lotteriebetrug leitete.

Neun Uhr kam und verging. Ein dritter Flivver kam brüllend durch die Öffnung, und Gramont beugte sich aufmerksam vor. Drei Arbeiter kamen zur Tür des Ladens. Ein einzelner Mann verließ das Flivver und begrüßte sie, ging dann weiter zur Hütte und gesellte sich zu den anderen drei auf die Veranda. Er wurde ohne Aufregung begrüßt. Die Haustür blieb geschlossen. Der Neuankömmling zündete sich eine Zigarette an und setzte sich auf die Stufen.

„Offensichtlich ist er nicht Gumberts ", dachte Gramont . „Sieben davon bisher, was? Das wird eine echte Aufgabe und kein Fehler."

Fast hätte er es sich gedacht, als ein leistungsstarkes und geräuschloses Auto die Straße entlangsauste, und er wusste sofort, dass Memphis Izzy angekommen war. Er wusste es intuitiv, noch bevor er einen guten Blick auf die breite, schwere Figur und die dominanten Gesichtszüge werfen konnte. Memphis Izzy war alles andere als gutaussehend, aber er besaß Charakter.

„Wo ist der Goog ?" Als er das Auto verließ, das er selbst gefahren hatte, erhob Gumberts seine Stimme zu einem stierähnlichen Gebrüll, das deutlich zu Gramont übertrug . „Wo ist Charlie the Goog ?"

Die Mechaniker erschienen eilig. Einer von ihnen, kein anderer als Gramonts Freund mit dem adenoidalen Aspekt, der den wohlklingenden Titel „Charlie the Goog" zu tragen schien , eilte an Gumberts Seite , und dieser gab ihm klare Anweisungen bezüglich einer Reparatur des Wagens. Dann drehte sich Memphis Izzy um und ging zum Cottage. Er nickte den vier Männern, die ihn erwarteten, zur Begrüßung zu, holte einen Schlüsselbund aus seiner Tasche und öffnete die Haustür. Alle fünf verschwanden darin.

Gramont stieg. Einen Moment zuvor hatte ihn Fieber gepackt; Die Aufregung der Fahndung hatte ihn zum Zittern gebracht. Jetzt war er wieder cool, seine Finger berührten die Pistole in seiner Tasche, sein Blick war ruhig. Er warf einen Blick auf seine Uhr und nickte.

"Es ist Zeit!" er murmelte. „Hoffen wir, dass es keinen Ausrutscher gibt! Alles bereit , Memphis Izzy? Ich auch. Lass uns gehen!"

Ohne Eile und offen machte er sich auf den Weg zur Scheune und zum Laden. Charlie the Goog , der sich über das Auto von Gumberts beugte , bemerkte als erster seine Annäherung und richtete sich auf. Gramont winkte zur Begrüßung. Charlie the Goog drehte den Kopf und rief seine Brüder, die in Sicht kamen und Gramont anstarrten .

Letzterer erkannte, dass das Spiel gewonnen war, wenn er sie überholte. Wenn sie ihn aufhielten, würde er alles verlieren.

"Hallo Jungs!" rief er fröhlich, als er näher kam. „Ich habe eine Besorgung für den Chef gemacht – ich habe eine Nachricht für Gumberts bekommen . Wo ist er? Im Haus?“

Die anderen nickten, misstrauten ihm offensichtlich, waren jedoch verwirrt über sein nachlässiges Verhalten und seine Anspielung auf Fell.

„Sicher“, antwortete Charlie the Goog . „Gehen Sie direkt hinein – er ist im großen Vorderzimmer.“

"Danke."

Gramont setzte seinen Weg fort, sich bewusst, dass sie ihm nachstarrten. Wenn irgendetwas an ihm falsch war, dachten sie offensichtlich, dass Memphis Izzy sich sehr geschickt um die Sache kümmern würde.

Die Stufen der Veranda des Cottages knarrten protestierend, als Gramont sie hinaufstieg. Vielleicht erkannte Memphis Izzy einen ungewöhnlichen Schritt; vielleicht war das Gespräch draußen zu ihm durchgedrungen. Gramont betrat die Eingangstür zum Flur, und während er dies tat, öffnete Gumberts die Tür zu seiner Rechten und stand da und starrte ihn an – vielmehr warf er ihm einen finsteren Blick zu.

"Wer bist du?" fragte er grob.

„Kam mit einer Nachricht von Mr. Fell herausgekommen“, antwortete Gramont sofort. „Ich habe ein paar Befehle mitgebracht, sollte ich sagen –“

Der sechste Sinn von Memphis Izzy, der ihn unentdeckt in ein ergrautes Alter getragen hatte, muss eine Warnung in das Gehirn seines Gauners eingeblendet haben. In den Augen des Mannes las Gramont einen Anflug von Misstrauen und wusste, dass sein Bluff nicht länger durchführbar war.

„Hier ist seine Notiz“, sagte er und griff in seine Tasche.

Gumberts Hand schoß nach unten, hielt jedoch inne, als Gramonts Pistole ihn erfasste.

„Zurück in diesen Raum, und zwar schnell", sagte Gramont und trat vor. "Schnell!"

Memphis Izzy gehorchte. Gramont stand in der Tür und ließ seinen Blick durch den Raum und die Männer darin schweifen. Erschrocken waren alle vier aufgestanden und starrten ihn an. In der anderen Hand zog er die Automatik hervor, die er Dick Hearne abgenommen hatte.

„Das erste Wort von irgendjemandem von Ihnen, meine Herren", erklärte er, „wird eine Chance haben. Ich bin hier der Redner. Klug?"

Sie standen da und starrten, wie gelähmt von dieser Erscheinung. Sie hatten an einem Tisch gesessen, der mit Papieren und Geldpaketen überhäuft war. Ein großer Safe in der Wand stand offen. Neben dem Tisch stand ein kleiner Postsack, dessen Inhalt teilweise entleert war; Zerrissene Umschläge lagen auf dem Boden.

Dass dies das Hauptquartier zumindest eines Teils der Lotteriebande war, erkannte Gramont ohne Erklärung.

„Sie sind verhaftet", sagte Gramont leise. „Das Spiel ist aus, Gumberts . Hände hoch , ihr alle! Dick Hearne hat die ganze Bande angegriffen , und vom Boss abwärts steht euch allen eine Amtszeit voller Aufruhr bevor. Du mit dem Derby! Nimm Gumberts ' Waffe und die deiner Gefährten, dann deine eigenen; wirf sie in der Ecke auf den Boden, und wenn du eine falsche Bewegung machst, steh dir der Himmel bei! Gehe lebhaft da!"

Einer der Männer, der einen Derby auf dem Hinterkopf trug, gehorchte dem Befehl. Alle fünf Männer, die Gramont gegenüberstanden , waren sich darüber im Klaren, dass ein einziger Schrei Hilfe von außen herbeirufen würde, aber in Gramonts Augen war ihnen klar, dass sie sich strikt um das Geschäft kümmerten. Es war viel zu wahrscheinlich, dass ein Mann, der es wagte, sie allein zu verhaften, beim ersten falschen Schachzug schießen würde, um zu töten – und nicht einmal Memphis Izzy selbst öffnete den Mund.

Jeder Mann dort hatte einen Revolver oder eine Pistole, und eine nach der anderen fielen die Waffen klappernd in die Ecke. Gumberts stand regungslos da, leckte sich die dicken Lippen, unausgesprochene Flüche in seinen funkelnden Augen. Und in diesem Moment hörte Gramont das Knarren der Verandastufen und hörte einen leisen, erschrockenen Schrei.

„Hey, Boss! Das ist eine Bande , die auf der Flucht ist –"

Es war Charlie the Goog , der in wilder Eile auf sie zustürmte. Gramont betrat den Raum, drehte sich leicht um und deckte den Eindringling mit einer seiner Waffen ab, der entsetzt in der Tür stand, als er die Szene begriff.

Es wurden keine Worte gesprochen. Der adenoide Mechaniker starrte die fünf Männer und dann Gramont an , schluckte einmal – und reagierte wie ein Blitz. Er duckte sich tief und feuerte aus seiner Tasche. Gramont feuerte im selben Moment, und die schwere Kugel traf Charlie the Goog direkt in der Brust und schleuderte seinen Körper halb durch den Raum.

Mit den Schüssen warf sich Memphis Izzy rasant nach vorne. Der verzweifelte Schuss des kleinen Mechanikers hatte Gramont den rechten Arm oberhalb des Handgelenks gebrochen; Bevor er mit der Waffe in der linken Hand ein zweites Mal schießen konnte, hatte Gumberts die Pistole beiseite gerissen und kämpfte mit ihm. Die anderen vier gingen mit voller Wucht in den Nahkampf.

Gramont ging unter einem heftigen Schlag zu Boden. Über ihn sprang Memphis Izzy und stürmte in die Tür – dann blieb er mit erstaunlicher Plötzlichkeit stehen und hob die Arme. Nach ihm folgten die anderen vier. Zwei Männer, die ein wenig keuchten, standen vor der Tür und deckten sie mit Schrotflinten ab.

„Zurück", befahlen sie knapp. Memphis Izzy und seine vier Freunde gehorchten.

„Fesselt sie , Jungs", sagte Gramont und stand schwindlig auf. „Nein, ich bin nicht verletzt – ich glaube, mein Arm ist gebrochen, aber lass das warten. Hast du die draußen?"

Ein Stampfen von Füßen erfüllte die Halle, und andere Männer erschienen dort.

„Habe zwei davon , Gramont ! " antwortete der Anführer. „Der Dritte ist hier reingeschlichen – ah, da ist er!"

Der arme Charlie the Goog lag tot auf dem Boden – ein Hauch heroischer Tragödie in seiner letzten verzweifelten Tat; möglicherweise die einzige große Tat seines Lebens. Er hatte erkannt, dass es den Untergang bedeutete, und dennoch hatte er getan, was er konnte.

„Ich denke, das ist alles", sagte Gramont . „Wir haben auf jeden Fall einen Riesenerfolg gemacht, Jungs – und es ist gut, dass ihr auf die Minute reagiert habt! Eine Sekunde später hätten sie es für mich getan. Kümmert euch um die Beweise, ja? Holt euch den Postsack und das insbesondere Briefe; wenn sie ihre Lotterie außerhalb des Staates durchgeführt haben, wäre das eine Bundesangelegenheit ."

Gumberts , der mit seinen Freunden gefesselt wurde, stieß einen heiseren Schrei aus.

„Wer seid ihr? Ihr könnt das nicht ohne Autorität tun –"

„Sei nicht albern, Memphis Izzy!" sagte Gramont , lächelte ein wenig und zuckte dann wegen der Schmerzen in seinem Arm. „Diese Freunde von mir sind wie ich Mitglieder der American Legion, und sie sind auf meine Bitte hin gekommen, um euch Gauner dorthin zu bringen, wo ihr hingehört. Was die Autorität angeht, könnt ihr fragen und gehen.

„Hier, Jungs, ich muss raus in die Scheune. Kommt mit, einige von euch! Wir werden mir später den Arm fesseln lassen. Hier draußen ist niemand verletzt?"

„Nicht einmal ein Fetzen", antwortete der Anführer mit einem Anflug von Abscheu. „Alle drei dieser Penner waren draußen, und wir haben sie abgedeckt , als wir aus dem Unterholz kamen. Derjenige, der entkommen konnte, tat dies, indem er seine Freunde zwischen uns und sich nahm. Aber du hast dich um ihn gekümmert."

„Und er hat sich auch um mich gekümmert", fügte Gramont hinzu , nicht ohne vor Schmerz zusammenzucken.

Er ging voran zur Scheune, und die anderen marschierten hinter ihm her und traten ein. Er zeigte auf das Auto, das Chacherre zuvor hierher gebracht hatte, und befahl, den zusätzlichen Sitz hinten zu öffnen.

„Ich glaube, da ist ein Bündel drin", sagte er. „Was drin ist, weiß ich nicht –"

„Hier sind wir, Cap."

Ein Bündel wurde hervorgeholt und geöffnet. Darin wurde das Fliegerkostüm gefunden, das Gramont als Mitternachtsmaske getragen und das Chacherre mit der Beute gestohlen hatte. Zwischen den ledernen Kleidungsstücken lag eine automatische Pistole.

Gramont war entsetzt über diese Entdeckung, als ihm plötzlich klar wurde, was sie bedeutete.

„Guter Gott!", rief er erstaunt. „Jungs, es muss Ben Chacherre gewesen sein , der Maillard getötet hat!" Sehen Sie nach, ob diese Pistole benutzt wurde –"

Der Midnight Masquer hatte zwei Kugeln auf Maillard abgefeuert. Aus dieser Automatik waren zwei Patronen verschwunden.

Kapitel XV

Wenn der Himmel fällt

betrat der Polizeichef das Büro von Jachin Fell, hoch oben im Maison Blanche-Gebäude. Mr. Fell blickte ihn überrascht an.

„Hallo, Chef! Was ist los?"

Der Beamte sah ihn einigermaßen erstaunt an.

„Was ist los? Ich bin natürlich vorbeigekommen, um dich zu sehen!"

Jachin Fell lächelte skurril. „Um mich zu sehen? Nun, Chef, das ist nett von Ihnen. Setzen Sie sich und trinken Sie eine Zigarre, was? Was ist los? Sie sehen ziemlich verblüfft aus."

„Das bin ich", sagte der andere unverblümt. „Hast du nicht mit mir gerechnet?"

„Nein", sagte Jachin Fell, hielt plötzlich inne, als er nach einer Zigarre griff, und richtete seinen scharfen Blick auf den Häuptling. „Erwartest du dich? Nein!"

„Dann ist es verdammt seltsam! Dieser Gramont hat mich vor ungefähr zehn Minuten angerufen und gesagt, ich solle so schnell wie möglich hierherkommen, dass du mich sehen willst."

„ Gramont !" Jachin Fiel runzelte die Stirn. „Wo ist Ben Chacherre ? Hast du ihn noch nicht gefunden?"

„Keine Spur von ihm, Chef."

Die Tür öffnete sich und Henry Gramont erschien mit verbundener rechter Hand und in einer Schlinge.

„Guten Abend, meine Herren!" sagte er lächelnd.

„Hier ist Gramont ", rief Fell. „Haben Sie den Chef hierhergerufen —"

„Das habe ich auf jeden Fall", und Gramont trat vor. „Ich wollte Sie beide Herren zusammen sehen und habe es so arrangiert. Fräulein Ledanois soll um neun hier sein, Fell?"

Der kleine Mann nickte, sein Blick war auf Gramont gerichtet . Er bemerkte den bandagierten Arm.

„Ja. Wurdest du verletzt?"

"Leicht." Gramont stellte Fell einen Stuhl gegenüber und setzte sich. Er steckte die linke Hand in die Brusttasche und holte ein Dokument hervor, das er dem Polizeichef überreichte. „Schauen Sie sich das an, Chef, und sagen Sie nichts. Sie sind hier, um vorerst zuzuhören. Hier ist etwas für Ihren Fall, Mr. Fell. "

Gramont holte seine Automatik aus der Manteltasche und legte sie vor sich auf den Schreibtisch. Es herrschte einen Moment erschrockener Stille. Der Beamte, der das Papier durchging, das Gramont ihm gegeben hatte, schien plötzlich großes Interesse daran zu empfinden.

„Was bedeutet all dieses Mysterium und diese melodramatische Action, Gramont ?" forderte Jachin Fell mit einem leichten Grinsen in den Augen, seine Stimme war ziemlich tonlos.

„Das bedeutet", sagte Gramont und betrachtete ihn fest, „dass Sie verhaftet sind. Ich bin heute Morgen zum Gumberts- Haus in Bayou Terrebonne gegangen, habe Memphis Izzy Gumberts und vier weitere Männer, die an einer Lotterie beteiligt waren, verhaftet und ebenfalls verhaftet." zwei Mechaniker, die damit beschäftigt waren, an gestohlenen Autos zu arbeiten. Außerdem haben wir einen Herrn namens Dick Hearne bei uns aufgenommen, ein unbedeutenderes Mitglied der Bande, der jetzt damit beschäftigt ist, ein Geständnis zu diktieren. Einen Moment, Chef! Mir ist das lieber derzeit das Reden übernehmen."

Der Polizeichef wollte eingreifen. Daraufhin lehnte er sich jedoch in seinem Stuhl zurück und tippte mit der Hand auf das Papier, das er gelesen hatte . Er sah aus, als wäre er von einem Schlaganfall bedroht.

Gramont lächelte in die ruhigen, unerschütterlichen Augen von Fell.

„Sie stehen als nächstes auf dem Programm ", sagte er ruhig. „Wir wissen, dass Sie an der Spitze einer organisierten Bande stehen, die nicht nur eine Lotterie in diesem und angrenzenden Staaten betreibt, sondern auch ein riesiges Geschäft mit gestohlenen Autos betreibt. Deshalb –"

„Nur eine Minute, bitte", sagte Jachin Fell. „Vergessen Sie, Mr. Gramont , die Affäre um den Mitternachtsmasker? Sie sind ein sehr eifriger Bürger, daran habe ich keinen Zweifel, aber –"

„Ich wollte gerade hinzufügen", fiel Gramont ein , „dass Ihr netter Freund Ben Chacherre des Mordes an dem Sheriff von Terrebonne Parish angeklagt wird, wofür ich eindeutige Beweise gegen ihn habe, da er am Tatort anwesend war." Ihm wird auch der Mord an Joseph Maillard vorgeworfen——"

"Was!" Sowohl Fell als auch der Offizier stießen einen Ausruf unverhohlener Verwunderung aus.

„Ganz wahr, das versichere ich Ihnen", sagte Gramont . „Die Beweise sind zumindest um einiges klarer als die Beweise gegen den jungen Maillard."

„Mein Himmel!" sagte Fell und starrte. „Ich hätte nie gedacht, dass Chacherre –"

„Vielleicht hast du es nicht getan." Gramont zuckte mit den Schultern. „Niemand sonst auch . Ich kann mir vorstellen, dass Ben von dieser Stuben- und Trinkparty erfuhr und zu Recht entschied, dass er mit einer kleinen Menge betrunkener junger Sportler reich werden könnte. Wie Sie wissen, hat er das Kostüm aus meinem Auto gestohlen , auch die dazugehörige Automatik. Von der Automatik fehlten zwei Schüsse, als wir sie in Bens Besitz fanden; und Sie erinnern sich, dass die Masquer zweimal feuerte, als Maillard getötet wurde.

„Ah! Ich habe immer gesagt, der junge Maillard sei nicht schuldig!" rief der Chef aus.

„Und Ihr Mann Hammond –" begann Fell. Gramont mischte sich ein.

„Du dachtest, du hättest Hammond fest im Griff, nicht wahr? Um die Sprache deines Lieblingsspiels zu verwenden , Fell, ist Entwicklung alles, und der Spieler, der einen Bauern um der Entwicklung willen aufgibt, zeigt, dass er die Fähigkeit besitzt *idée grande* . Du hast den Bauern genommen oder geglaubt, dass du es getan hast – aber ich habe die Partie gewonnen!

„In gewisser Weise tut es mir sehr leid, Fell, dass ich Sie verhaften muss. Es wird einem gemeinsamen Freund von uns schaden. Mir ist klar, dass Sie sich sehr bemüht haben, ihr gegenüber selbstlos zu sein, und ich denke, dass Sie das auch getan haben Ich bin in dieser Hinsicht vollkommen aufrichtig. Dennoch habe ich in dieser Angelegenheit nur eine Pflicht, und ich schlage vor, sie bis zum Ende durchzuhalten.

Fells scharfe Augen funkelten wütend.

„Sie sind ein sehr eifriger Bürger, junger Mann", sagte er leise. „Ich sehe, dass du verletzt wurdest. Ich gehe davon aus, dass dein kleines Spiel nicht zu Verlusten geführt hat?"

Gramont nickte. „Charlie the Goog ging nach Westen. Er war verzweifelt, glaube ich; auf jeden Fall hat er mich in den Arm genommen, und ich musste ihn erschießen. Memphis Izzy konnte seinen hervorragenden Ruf kaum rechtfertigen, denn er gab nach wie ein Lamm."

„ Du hast also den Goog getötet , was?" sagte Fell. „Sehr eifrig, Herr Gramont ! Und ich nehme an, dass die Erfordernisse des Falles es Ihnen, einem Privatmann, rechtfertigten, Waffen zu tragen und zu benutzen? Wer hat Ihnen in dieser wunderbaren Angelegenheit geholfen?"

„Eine Reihe von Freunden von meinem Posten in der American Legion", sagte Gramont ruhig.

„Ah! Diese Organisation geht also in die Politik?"

„Nicht für die Politik, Fell, sondern für die Gerechtigkeit. Ich habe sie beauftragt, mir zu helfen."

„Stellvertretend!" wiederholte Fell langsam.

"Sicherlich." Gramont lächelte. „Sehen Sie, dieses Lotteriegeschäft läuft schon seit einem Jahr oder länger. Vor einiger Zeit, bevor ich nach New Orleans kam, ernannte mich der Gouverneur dieses Bundesstaates zu einem Sonderbeamten, der die Angelegenheit untersuchen sollte. Da ist meine Kommission, die … Häuptling hat gelesen. Es gibt mir eine Menge Kraft, Fell ; genug Kraft, um dich und deinen Haufen zu sammeln.

„Ich möchte hinzufügen, dass ich eine Fülle von Beweisen sichergestellt habe, um zu beweisen, dass die Lotteriebande unter Ihrer Aufsicht ihre Aktivitäten auf angrenzende Staaten ausgeweitet hat. Dies bringt, wie Sie wissen, die Angelegenheit bei Bedarf in die Hände des Bundes."

Der Polizeichef schaute sehr unruhig von Gramont zu Jachin Fell und wieder zurück. Fell saß aufrecht in seinem Stuhl und starrte Gramont an .

„Du warst der ursprüngliche Midnight Masker", sagte Fell mit seiner tonlosen Stimme. Bei diesem direkten Angriff und bei Gramonts Zustimmung zuckte der Häuptling überrascht zusammen.

„Ja. Ein Grund war, dass ich vermutete, dass jemand aus der Gesellschaft, jemand hoch oben in New Orleans , mit der Bande in Verbindung steht; aber ich hätte nie gedacht, dass du der Mann bist, Fell. Ich habe eher den jungen Maillard verdächtigt. Jetzt bin ich froh darüber Sag, dass ich völlig falsch lag. Du warst der große Boss, Fell, und du wirst dafür eine Strafe absitzen."

Fell warf einen Blick auf den Häuptling, der sich räusperte, als wollte er etwas sagen. In diesem Moment ertönte jedoch ein lautes Klopfen an der Tür.

"Kommen!" namens Gramont .

Ein Mann trat ein. Es war einer von Gramonts Stellvertretern, der zufällig auch Reporter einer der Morgenzeitungen der Stadt war. Er trug mehrere Blätter Papier, die er Gramont vorlegte . Er warf einen Blick auf Fell, der ihn erkannte und grüßend nickte, dann wandte er seine Aufmerksamkeit wieder Gramont zu .

"Ah!" sagte dieser zufrieden, als er die Papiere prüfte. „ Hearne hat also alles aufgegeben, nicht wahr? Bezieht dieses Geständnis Mr. Fell mit ein?“

„Na ja, eher“, sagte der andere gedehnt fröhlich. „Und sieh mal, Cap! Es sind noch zwei von uns in der Menge und wir haben vereinbart, die Geschichte aufzuteilen. Wir würden das Zeug gern sofort in unsere Zeitungen bringen, sobald du es sagst, denn –“

"Ich weiß." Gramont gab die Papiere zurück , die das Geständnis von Hearne enthielten. „Sie haben natürlich Kopien davon angefertigt? Alles klar. Wenn Sie möchten, können Sie das Zeug gleich in Ihre Papiere eintragen.“

Fell hob eine Hand, um die andere zu prüfen.

"Einen Moment bitte!" sagte er und bohrte seinen Blick in den Zeitungsmann. „Würden Sie eine Nachricht von mir auch an den Herausgeber Ihrer Zeitung weiterleiten – und dafür sorgen, dass sie auch an die anderen weitergeleitet wird?“

„Wenn Mr. Gramont es erlaubt, ja.“

„Mach weiter“, sagte Gramont und fragte sich, was Fell jetzt versuchen würde. Er lernte es bald.

„Dann“, fuhr Fell ruhig fort, „werden Sie die Herausgeber Ihrer Zeitungen freundlicherweise darüber informieren, dass ich, falls mein Name im Zusammenhang mit dieser Angelegenheit auftaucht, sofort Klage wegen Verleumdung einreichen werde. Ganz gleich, was Mr. Gramont sagen oder tun mag.“ Ich versichere Ihnen voll und ganz, dass mir in dieser Angelegenheit keine öffentliche Aufmerksamkeit zuteil wird. Ich darf auch nicht hinzufügen, dass ich verhaftet werde. Das ist alles, Sir.“

Gramont lächelte. „Nehmen Sie die Nachricht auf jeden Fall entgegen, wenn Sie es für richtig halten“, sagte er nachlässig. „Sie können außerdem voll und ganz darauf vertrauen, dass Sie Mr. Fell innerhalb von zwanzig Minuten sicher im Gefängnis beobachten werden. Das ist alles.“

Der Zeitungsmann salutierte und ging grinsend.

Gramont beugte sich vor, die harten Linien seines Gesichts zeugten von Entschlossenheit, als er Jachin Fell ansah.

„ Sie werden also nicht verhaftet, was? Mal sehen. Ich weiß, dass Ihre Bande Einfluss hat, bis sie in hohe Positionen vordringt, und dass dieser Einfluss Macht hat. Der Gouverneur weiß das auch. Deshalb wurde ich mit der Untersuchung beauftragt Ich habe dieses Lotteriespiel heimlich und auf meine Art gespielt. Deshalb habe ich heute Abend auch den Polizeichef hierher gebracht.

Er wandte sich an den verstörten Beamten und sprach kühl.

„Nun, Chef, Sie haben meine Autorität gesehen, Sie haben meine Anschuldigungen gehört und Sie wissen, dass sie bis zum Äußersten bewiesen werden. Dick Hearne hat die Namen der meisten Mitglieder der Lotteriebande und ihrer Verbündeten preisgegeben; meine Stellvertreter bereits Wir sind mit ihren verschiedenen Einsatzorten verkabelt, um ihre Festnahme sicherzustellen. Wir werden eine saubere Sache machen.

„Das Gleiche gilt für die Automobilbande, auch wenn wir wahrscheinlich ein paar der kleineren Leute vermissen werden. In welchen anderen Formen der Kriminalität die Organisation tätig sein könnte, kann ich im Moment nicht sagen; aber wir haben genügend Beweise gesichert.“ . Sind Sie bereit, Jachin Fell zu verhaften, oder nicht?“

Der Chef räusperte sich.

„Nun, Mr. Gramont “, bemerkte er nervös, „was den Rest der Bande betrifft, wir werden uns natürlich um sie kümmern ! Aber bei Mr. Fell ist es hier anders. Er ist ein Freund des Senators –“

„Anders, verdammt!“ schnappte Gramont wütend. „Er ist ein Verbrecher, egal wer seine Freunde sind, und ich habe den Beweis dafür!“

„Na ja, das kann ja sein“, gab der Polizeichef zu. „Aber diese Sache wird im ganzen Staat einen höllischen Skandal auslösen!

Gramont lächelte bitter.

„Vielleicht würden Sie das tun, Chef. Tatsächlich bezweifle ich nicht, dass Sie das tun würden. Aber Sie sind nicht *ich* . Nun, als ordnungsgemäß ernannter Beamter, der unter der Autorität des Gouverneurs des Staates handelt, fordere ich Sie auf, dies zu verhaften Verbrecher, und ich übernehme Ihnen die Verantwortung für seine sichere Verwahrung. Wagen Sie es, sich zu weigern?“

Der Chef zögerte. Er sah Fell hilfesuchend an, aber es kam keine. Fell schien von der Situation ziemlich amüsiert zu sein.

„Nun“, sagte der Chef, „ich habe die Beweise noch nicht gesehen –“

„Ich werde Ihnen Beweise anderer Art zeigen, Chef“, sagte Gramont mit strenger Stille. „Vor der Tür stehen hier zwei Männer, die meinen Befehlen und meiner Autorität gehorchen werden. Wenn Sie es wagen, sich zu weigern, Ihre Pflicht zu erfüllen, werden Sie selbst unter Arrest aus diesem Raum geführt, auf der Grundlage eines John Doe-Haftbefehls, der bereits vorbereitet wurde und auf Sie wartet ; und Sie werden beschuldigt, ein Komplize dieser Bande zu sein. Jetzt wählen Sie, und zwar schnell!“

Gramont lehnte sich in seinem Stuhl zurück. Die violetten Gesichtszüge des Häuptlings waren schweißüberströmt; Der Mann befand sich in einem schrecklichen Dilemma und seine Lage war bedauernswert. In diesem Moment Jachin Fell kam dazwischen.

„Lassen Sie mich bitte sprechen", sagte er sanft. „Mein lieber Herr Gramont , mir ist gerade in den Sinn gekommen, dass es möglicherweise einen Kompromiss gibt –"

„Ich gehe keine Kompromisse ein", schnappte Gramont .

„Ganz bestimmt nicht. Ich spreche hier von unserem gemeinsamen Freund", und Fell deutete mit einer ausdruckslosen Geste auf den Häuptling. „Ich glaube, dass Richter Forester dieser Stadt sich derzeit mit dem Gouverneur von Baton Rouge über politische Angelegenheiten berät. Bei ihnen ist auch Senator Flaxman, der mit demselben Auftrag aus Washington angereist ist. Nun, es wäre eine sehr einfache Sache Es ist wichtig, all dieser Angst ein Ende zu setzen. Angenommen, Sie rufen den Gouverneur von diesem Telefon aus über Ferngespräche an und erhalten die Zusicherung, dass ich nicht verhaftet werde. Dann werden Sie überzeugt sein.

Gramont lachte vor tiefer Wut.

„Ihr Gangster seid alle gleich!" sagte er und wandte sich dem Schreibtischtelefon zu. „Du denkst, dass du, weil du deine schleimigen Tentakel an hochgelegenen Orten gepflanzt hast, alles völlig ungestraft tun kannst. Aber der Gouverneur dieses Staates ist nicht in deinen Fängen."

„Er ist ein Mann, beim Himmel! Ich habe seine Zusicherung, dass er jeden, der hinter dieser kriminellen Bande steckt, bis zum Äußersten strafrechtlich verfolgen wird – und er hält sein Wort! Glauben Sie nicht, dass Sie es sein werden, wenn Ihr Freund, der Senator, auf seiner Seite ist." gerettet. Ich werde ihn anrufen, und sei es nur, um dem Chef hier zu zeigen, dass Einfluss in diesem Spiel keine Rolle spielt."

Gramont nahm den Hörer ab, rief die Ferngespräche an und rief eilig in der Villa der Exekutive an, in der er nach dem Gouverneur persönlich fragte.

„ Du denkst also , dass er immun gegen Einfluss ist, oder?" Jachin Fell lächelte herablassend und zündete sich eine neue Zigarre an. Der Polizeichef wischte sich die Stirn.

„Mein lieber Gramont , Sie zeigen ein jugendliches Vertrauen in die menschliche Natur! Lassen Sie mich Ihr Idol auf den Lehmfüßen schnell von seinem Sockel stürzen. Erwähnen Sie den Gouverneur, dass Sie mich verhaftet haben und dass ich ihn gebeten habe, mit Richter zu sprechen."

Forester und Senator Flaxman, bevor sie die Verhaftung bestätigen. Ich wette mit Ihnen fünfhundert Dollar –"

Das Lächeln in Fells blassen Augen versetzte Gramont in kalte Wut.

„Du Teufel! Dein verdammender Einfluss reicht also bis zu diesen beiden Männern, nicht wahr – diesen Männern, die in dieser Stadt vor allen anderen respektiert werden? Beim Herrn, ich werde deinen Bluff zur Kenntnis nehmen! Ich kenne den Gouverneur, und ich weiß es." Ihm sind die ganzen dreckigen Gauner und schleimigen Politiker dieser Welt völlig egal!"

„Was für ein erhabener Glaube!" lachte Fell leise.

Das Telefon klingelte laut. Gramont war fast unerträglich gehänselt, ergriff das Instrument und gab eine Antwort. Im Nu hatte er den Gouverneur am Telefon. Sein Blick richtete sich jubelnd auf Fell.

„Gouverneur, hier spricht Henry Gramont ", sagte er. „Ich habe meine Arbeit gerade geschafft , wie ich Ihnen heute Nachmittag telegrafiert habe – nein, warten Sie einen Moment! Das ist wichtig."

„Der Anführer der gesamten Bande ist ein Mann hier in New Orleans mit Namen Jachin Fell. Ja, Fell. Es fällt mir sehr schwer, ihn verhaften zu lassen. Fell prahlt damit, dass sein Einfluss alles übersteigt, was ich zur Geltung bringen kann." Er bittet Sie, mit Richter Forester und Senator Flaxman zu sprechen, bevor Sie die Verhaftung bestätigen, und prahlt damit, dass Sie mir befehlen werden, die Finger davon zu lassen.

„Sprechen Sie mit ihnen, Gouverneur! Wenn sie auch in der Bande sind, machen Sie sich keine Sorgen. Sie bestätigen diese Verhaftung und ich werde Fell hinter Gitter bringen, wenn ich ganz New Orleans auf den Kopf stellen muss. Machen Sie weiter ! Ich weiß, dass Sie von keinem dieser Gauner erreicht werden können – ich nenne nur Fells Bluff. Wir haben den Polizeichef hier, und er schwitzt. Was? Sicher. Nehmen Sie sich so viel Zeit, wie Sie möchten, Gouverneur."

Während er wartete, lächelte er Jachin Fell grimmig an . Zwei Minuten vergingen – drei – vier. Dann hörte er erneut die Stimme des Gouverneurs.

"Ja?"

„Verhaften Sie ihn nicht, Gramont ."

"Was?" Gramont keuchte.

„Fass ihn nicht an, sagte ich! Geh zu allen anderen rein , egal wer sie sind, aber lass Fell in Ruhe –"

„Du verdammter Feigling!" schrie Gramont in hitziger Wut. „ Das ist also die Art und Weise, wie Sie Ihre Versprechen halten, nicht wahr? Und ich dachte, Sie stünden über allen Einflüssen – echte Amerikaner! Sie sind ein verdammt guter Gouverneur – oh, ich möchte nichts mehr von Ihnen hören."

Er hob den Hörer hoch.

Einen Moment lang herrschte Totenstille im Raum. Der Häuptling wischte sich offensichtlich erleichtert die Stirn. Jachin Fell lehnte sich in seinem Stuhl zurück und musterte Gramont mit seinem schmallippigen Lächeln.

Gramont saß hilflos da, geplagt von Kummer, Wut und Ohnmacht. Er konnte nichts sagen, nichts tun. Der Mann hinter ihm hatte ihn im Stich gelassen. Die gesamte Macht des Staates, die hinter ihm gestanden hatte, hatte ihn im Stich gelassen. Es gab keine höhere Macht, an die er sich wenden konnte, außer der Macht der Bundesregierung. Sein Kopf schnellte scharf nach oben.

„Fill, ich habe die Beweise gegen dich, und ich habe die Beweise, um dieses Lotteriegeschäft in die Hände des Bundes zu legen. Jungs! Kommt rein!"

Auf seinen Ruf hin öffnete sich die Tür und zwei seiner Männer traten ein. Gramont sah den Häuptling an.

„Sind Sie bereit, sich um den Rest der Bande zu kümmern, Chef?"

„Sicher", stimmte der Beamte prompt zu.

„In Ordnung. Jungs, übergeben Sie die ganze Menge dem Häuptling, und ich vertraue darauf, dass Sie dafür sorgen, dass sie ordnungsgemäß angeklagt und eingesperrt werden. Übergeben Sie alle Beweise ebenfalls, mit Ausnahme des Postsacks. Bringen Sie das hier zur Sprache, Gehen Sie in diesen Raum und sorgen Sie dafür, dass der Korridor draußen bewacht wird. Holen Sie mich?"

Die beiden salutierten. "Jawohl."

„Gut. Schicken Sie zum Bundesgebäude, finden Sie heraus, wo sich ein Agent des Justizministeriums befindet, und bringen Sie ihn hierher. Bringen Sie ihn innerhalb von fünfzehn Minuten hierher."

Fell lächelte. „Ich kann Ihnen Zeit sparen, meine Herren. Der für diesen Bezirk zuständige Agent wird wahrscheinlich um diese Zeit zu Hause sein. Ich kann Ihnen seine Adresse geben –"

Er hat es getan. Gramont las in den blassen Augen eine unerschütterliche Herausforderung. Die Unverschämtheit des Mannes entsetzte ihn. Er wandte sich an seine Männer.

„Bestätigen Sie vollständig, dass er der Agent *ist*, bevor Sie ihn holen", befahl er knapp. „Lassen Sie ihn ebenfalls einen seiner stellvertretenden Agenten mitbringen, um Sie hier zu treffen. Das ist alles, Chef, wenn Sie sich diesen Männern anschließen , wird Ihnen die Verantwortung für unsere Gefangenen und Beweise übertragen. Ich habe einen Wachmann zurückgelassen am Gumberts- Haus in Terrebonne, und ich würde vorschlagen, dass Sie durch die Residenz von Gumberts hier in der Stadt gehen. Vielleicht finden Sie Beweise. Das ist alles."

Der Häuptling ging wortlos. Es war offensichtlich, dass er sehr froh war, weg zu sein. Gramont und Fell blieben allein zurück.

„Mein lieber Gramont , deine Hingabe an die Pflicht ist römisch im Geiste", sagte Jachin Fell leichthin. „Ich bedaure wirklich, dass die Umstände so zusammenwirken, dass sie dich besiegen! Warum kannst du dich nicht damit zufrieden geben, so viele andere Opfer zu erlegen? Du kannst mich nicht erlegen —"

„Kann ich nicht?" sagte Gramont , nahm eine Zigarre und biss hinein. Er war jetzt cooler. „Beim Himmel, Fell, es gibt eine Sache in diesem Land, die du und kein anderer Mann mit Einfluss, politischer Bestechung oder krummen Verbindungen erreichen kannst — und das ist die Regierung der Vereinigten Staaten! Du kannst Richter, Senatoren und Gouverneure erreichen, aber Sie können die unbekannten und bescheidenen Männer, die das Abzeichen des Justizministeriums tragen, nicht erreichen!"

Fell machte eine leichte Geste.

„Menschliche Natur, mein lieber Gramont . Es ist ganz wahr, dass ich diese Verbrecherbande, wie Sie sie nennen, nicht gegründet habe, ohne entsprechende Vorsichtsmaßnahmen zu treffen. Memphis Izzy zum Beispiel hat weitreichenden Einfluss. Ich auch . Das gilt auch für andere in der Partei. Ich versichere Ihnen, dass Ihr Mann vom Justizministerium mich nicht verhaften wird."

Gramont erbleichte.

„Wenn —" Er verschluckte sich an dem Wort und berührte dann die Automatik auf dem Schreibtisch vor ihm. „Wenn er es nicht tut, Jachin Fell, schieße ich selbst eine Kugel durch dich!"

Zum ersten Mal sahen die blassen Augen von Jachin Fell leicht besorgt aus.

„Wenn du das tust, wirst du hängen“, sagte er sanft.

„Ich werde verdammt sein, wenn ich es nicht tue!“ schnappte Gramont und legte die Waffe in seinen Schoß.

Kapitel XVI

Die Uneinnehmbarkeit von Mr. Fell

JACHIN FELL warf einen Blick auf seine Uhr.

„Lucie wird jeden Moment hier sein", bemerkte er. „Ich nehme an, Ihr Pflichtgefühl wird Sie dazu zwingen, ihr alles zu verraten?"

Gramont nickte nur mit schmalem Mund. Es klopfte an der Tür, und einer seiner Männer trat mit dem Postsack ein, den sie als Beweismittel mitgenommen hatten.

„Jeden Moment kommt eine Dame hierher", sagte Gramont . „Lassen Sie sie eintreten."

Der andere salutierte und ging.

„Pflichtgefühl ist eine schreckliche Sache", und Jachin Fell seufzte. „Was ist mit der Ölgesellschaft? Werden Sie zulassen, dass das Vermögen von Miss Ledanois zugrunde geht?"

„Besser", sagte Gramont , „als dass ihr Gewinn durch kriminelles Geld und kriminelle Mittel erzielt wird. Sie wäre selbst die Erste, die das sagen würde. Aber ich sage Ihnen Folgendes: Ich bin überzeugt , dass es Öl gibt." das Land, das ihr gehört! Wenn sie zustimmt, werde ich das Geld, das ich habe, für ihr Land einsetzen; bei Gelegenheit können wir wenigstens einen Brunnen bohren lassen!"

„Wenn es trocken ist", sagte Fell, „bist du pleite ."

„Ich kann immer Arbeit bekommen", und Gramont lachte harsch.

Fell betrachtete ihn einen Moment lang schweigend. Dann: „Ich glaube, Lucie liebt dich, Gramont ."

Ein Zittern ergriff Gramont ; ein wütender Impuls, den Mann niederzuschießen, während er saß. Hatte er die Niedrigkeit, zu versuchen, sich durch Lucie zu retten? Etwas von seiner unterdrückten Wut muss in seinen Augen geleuchtet haben, denn Jachin Fell legte seine Zigarre nieder und fuhr schnell fort:

„Verstehen Sie das nicht falsch. Ich sage, dass ich glaube, dass sie sich um Sie kümmert; das ist nur eine Vermutung meinerseits. Lucie ist eine Person, für die ich alles tun würde. Ich stehe und stehe für sie in der Rolle eines Elternteils. Sie liegt mir sehr am Herzen. Ich habe einen besonderen Grund, mich auf diese Weise in Ihre persönlichen Angelegenheiten einzumischen, und ein gewisses Recht, Sie nach Ihren Absichten zu fragen."

„Ich erkenne keinerlei Rechte Ihrerseits an", sagte Gramont ruhig.

Fell lächelte. „Ah! Dann bist du verliebt. Nun, der Jugend muss gedient werden!"

„Eines würde ich gerne wissen", fiel Gramont ein . „Das ist der Grund, warum du so verflucht darauf bedacht warst, etwas gegen meinen Mann Hammond zu bekommen! Und warum du die Midnight-Masquer-Affäre mir gegenüber als Bedrohung empfandst. Hast du meine Geschäfte verdächtigt?"

Fell warf den Kopf zurück und lachte herzlich, amüsiert und völlig hemmungslos.

„Das", antwortete er, „ist wirklich witzig! Wissen Sie, ich habe Sie ehrlich gesagt für einen Glücksjäger aus Europa gehalten? Als ich Sie für den Mitternachtsmasker verdächtigte und danach war ich überzeugt, dass Sie und höchstwahrscheinlich Hammond sind." Es waren auch sehr clevere Betrüger irgendeiner Art. Da habe ich, gestehe ich, einen schweren Fehler gemacht. Mein Freund Gumberts vergisst nie Gesichter, und eines Tages sagte er zu mir, dass Hammonds Gesicht ihm einigermaßen bekannt vorkäme, aber er könne es den Mann nicht einordnen. Das brachte mich zu dem Gedanken –
"

"Ah!" rief Gramont aus . „ Gumberts hat Hammond vor Jahren gesehen, als er vor dem Gesetz flüchtete – und ich glaube, er erinnerte sich! Hammond hat mir davon erzählt."

„Deshalb wollte ich dich und Hammond in meiner Bande haben", sagte Fell. „Ich dachte, es wäre sehr gut, Sie für meine eigenen Zwecke in die Organisation aufzunehmen."

„Danke", antwortete Gramont trocken. „Ich bin reingekommen, nicht wahr?"

Ohne zu klopfen öffnete sich die Tür und Lucie Ledanois trat ein.

„Guten Abend, Aktionärinnen und Aktionäre!" rief sie aus. „Wissen Sie, dass unten auf der Straße eine Menschenmenge herrscht – Polizisten und Autos und jede Menge Aufregung?"

„Erlauben Sie mir", sagte Gramont , nahm ihren Mantel und stellte ihr einen Stuhl hin. „Oh ja, wir hatten einen ziemlich anstrengenden Abend, Fräulein Ledanois ."

„Deine Hand! Warum, was ist passiert?"

„Einer von Mr. Fells Freunden hat versucht, mich zu erschießen. Setzen Sie sich bitte? Sie erinnern sich, dass ich Sie vor einem bevorstehenden Schock gewarnt habe; und jetzt muss ich es erklären."

Gramont überreichte ihr feierlich seinen Auftrag vom Gouverneur und nahm seinen Platz wieder ein. „Wenn ich sage, dass ich nicht hierher gekommen bin, um an einer Sitzung unserer Ölgesellschaft teilzunehmen, sondern um Mr. Fell zu verhaften, werden Sie das verstehen. Es tut mir sehr leid, Lucie, dass ich Ihnen das alles sagen muss , denn ich kenne Ihre Situation." Verbundenheit mit ihm."

„Verhaftung – Sie, Onkel Jachin ?" Das Mädchen blickte von der Zeitung zu Fell, der nickte. „Und Sie, Henry – ein Sonderoffizier des Gouverneurs ? Warum – das ist kein Scherz?"

„Überhaupt nichts, meine Liebe", sagte Fell ruhig. „Mr. Gramont ist zu gratulieren. Er hat herausgefunden, dass ich der Kopf einer großen Verbrecherorganisation war. Er hat dort unter dem Tisch einen Sack Post, der beweist, dass meine Organisation in mehreren Bundesstaaten eine Lotterie durchgeführt hat; wir erwarten nun die Ankunft von Bundesagenten, denen Gramont mich als Gefangenen übergeben will.

"Oh!" Das Mädchen starrte ihn mit großen Augen an. Ihre Stimme brach. „Es – es kann nicht wahr sein –"

„Es ist ganz wahr, meine Liebe", und Jachin Fell lächelte. „Aber lassen Sie sich davon nicht im Geringsten beunruhigen, bitte ich. Hier sind, wenn ich mich nicht irre, Ihre Freunde vom Justizministerium, Gramont ."

Es klopfte an der Tür und sie öffnete sich, um einen von Gramonts Männern einzulassen.

„Hier sind sie, Sir – der Chefagent und ein Stellvertreter. Soll ich sie hereinlassen?"

Gramont nickte. Zwei Männer betraten den Raum und Gramont entließ seinen eigenen Mann mit einer Geste. Er sah, dass beide Agenten Fell zunickten.

„Kennen Sie, meine Herren, diesen Mann?" forderte er und erhob sich.

„Ja", sagte einer von ihnen und musterte ihn aufmerksam. „Wer hat nach uns geschickt?"

"Ich tat." Gramont nannte seinen Namen und überreichte ihnen seinen Auftrag. „Ich habe eine Lotterie untersucht, die in diesem Staat seit langem von einer Organisation sehr cleverer Krimineller durchgeführt wird. Jachin Fell ist der Mann an der Spitze dieser Organisation. Heute habe ich die gesamte Bande zusammengetrieben und beschafft alle notwendigen Beweise. Unter diesem Tisch liegt ein Sack Post, der beweist, dass die Lotterie auf andere Staaten ausgedehnt wurde und dass ein Teil ihrer Operationen über die Post der Vereinigten Staaten abgewickelt wurde.

„Die kleineren Mitglieder der Bande sind in Gewahrsam. Die Polizei wird diesen Mann Fell nicht verhaften; sein Einfluss und der seiner Bande ist in politischen Bereichen und anderswo groß . Ich habe den Gouverneur angerufen und mir wurde gesagt, dass ich ihn nicht verhaften soll." Ich habe diese Tatsachen außer Acht gelassen und fordere Sie nun auf, ihn als Bundesgefangenen in Gewahrsam zu halten. Er hat mir gegenüber geprahlt, dass Sie ihn nicht anfassen werden – und wenn Sie es nicht tun, wird es eine Aufruhr geben wird Geschichte schreiben! Jetzt machen Sie sich an die Arbeit."

Der Chefagent legte Gramonts Auftrag auf den Tisch und sah Jachin Fell an . Für einen Moment herrschte Totenstille. Als dann der Bundesmann sprach, war Gramont wie gelähmt.

„Es tut mir sehr leid, Mr. Gramont , dass ich ablehnen muss –"

"Was!" rief Gramont ungläubig. „Wagen Sie es, dort zu stehen und –"

„Einen Moment bitte", sagte Fell, wobei seine leise Stimme einbrach. „Es ist ganz wahr, dass ich alle möglichen Kriminellen organisiert habe, Mr. Gramont , und die Untergrundlotterie in eine systematisierte Form gebracht habe. Das habe ich bis dahin getan." Autorität der Vereinigten Staaten, um Memphis Izzy Gumberts und andere Männer auf einen Schlag festzunehmen. Diese Herren werden Ihnen sagen, dass ich ein Sonderagent des Justizministeriums bin , der in dieser Funktion durch die Bemühungen von Richter Forester und Senator Flaxman eingesetzt wurde . Ich bedaure, dass dies so geheim gehalten werden musste, dass nicht einmal der Gouverneur selbst davon bis heute Abend Kenntnis erlangte. Der Konflikt war völlig unvermeidbar. Kein Mitglied dieser Bande durfte meine wahre Identität erfahren."

Fell wandte sich an die beiden Agenten, die lächelten.

„Ich würde vorschlagen, dass Sie diesen Postsack mitnehmen und sich mit dem Polizeichef über die Gefangenen absprechen", sagte er. „Der Chef darf natürlich nichts ahnen."

Gramont sank in seinen Stuhl, die Automatik fiel ihm aus der Hand. Er war plötzlich benommen und wie vom Blitz getroffen. Dennoch musste er glauben. Er war sich dunkel bewusst, dass Lucie zu Jachin Fell gegangen war und ihre Arme um seinen Hals gelegt hatte. Er starrte aus blicklosen Augen.

Die Erkenntnis traf ihn wie ein Schlag und betäubte sein Gehirn. Jetzt verstand er, warum der Gouverneur sich mit Richter Forester und dem Senator beraten hatte und warum man ihm befohlen hatte, die Spur zu verlassen. Er erkannte nun , warum Fell so große Geheimhaltung bewahrt hatte, dass seine uneinnehmbare Position selbst für den Polizeichef angeblich auf den Einfluss von oben zurückzuführen war.

Er sah, wie Fell Monat für Monat still und furchtbar daran gearbeitet haben musste, eine kompakte Organisation der talentiertesten Kriminellen in Reichweite zu bilden – angeführt von Memphis Izzy, dem Mann, der jahrelang über die Regierung gelacht hatte! Und er sah sich selbst, wütend, tobend wie ein Verrückter –

Gramont ließ seinen Kopf in seine Hände sinken. Der Schmerz seines vergessenen verletzten Arms stach in ihn ein wie ein Messer. Er riss seinen Kopf scharf nach oben und merkte, dass die Agenten gegangen waren. Er war allein mit Lucie und Fell, und dieser stand auf und streckte lächelnd seine Hand aus.

„ Gramont , Sie haben mich bei diesem Deal überholt, und ich gratuliere Ihnen von ganzem Herzen!“ sagte Fell ernst. „Keiner von uns ahnte, welche Rolle der andere Mann spielte; aber Sie haben die Arbeit erledigt, und zwar gut. Wollen Sie uns die Hand geben?“

Gramont nahm verwirrt die ihm entgegengestreckte Hand.

„Ich war ein Narr“, sagte er langsam. „Ich hätte vermuten können, dass etwas Ungewöhnliches …“

„Nein, wie konntest du das erraten?“ sagte Fell. „Es gibt drei Männer in Baton Rouge, die die Wahrheit kennen, und drei Personen in diesem Raum. Das ist alles, abgesehen von den regulären Regierungsmännern. Ich hatte es hier nicht einmal Lucie erzählt! Ich habe es nicht gewagt. Und ich wage es auch jetzt nicht, nichts zu sagen.“ . In der Unterwelt im Allgemeinen werde ich als der Gauner bekannt sein, dem nicht einmal die Regierung etwas antun konnte; in den kommenden Tagen könnte ich meinem Land von unsagbarem Nutzen sein.“

"Ich bin so froh!" Lucie nahm Gramonts Hand, als Jachin Fell sie fallen ließ, und Gramont schaute nach unten und begegnete ihren strahlenden Augen. „Für einen Moment dachte ich, dass die ganze Welt verrückt geworden wäre – aber jetzt –“

Jachin Fell betrachtete sie einen Moment lang, dann ging er leise zur Tür.

„Wenn Sie mich einen Moment entschuldigen würden“, sagte er, „werde ich mit Ihren Männern sprechen, die Wache halten, Gramont . Ich – ach – ich werde gleich zurück sein, wie Eliza sagte, als sie das Eis überquerte; und wir.“ Ich kann dann das Geschäft besprechen. Wenn Sie einverstanden sind, denke ich, dass Ihr Unternehmen den ursprünglichen Richtlinien folgen kann und wir unverzüglich mit der Ölbohrung beginnen werden –“

Gramont hörte die Worte kaum und hörte auch nicht, wie sich die Tür schloss. Er blickte immer noch in die Augen von Lucie Ledanois und fragte sich, ob die Botschaft, die sie enthielten, wirklich für ihn bestimmt war.

Kapitel XVII

Mi- Carême

Ein namenloser Herr aus dem verweichlichten Norden genoss zum ersten Mal die Privilegien einer Gastkarte beim Chess and Checkers. Etwas verwirrt ging er zum Schreibtisch der Sekretärin und holte sich eine Zigarre. Dann hielt er inne und lauschte den ausgelassenen Geräuschen, die den Club erfüllten und die von den Straßen draußen in der Stadt dröhnten .

"Sagen!" Er wandte sich an die Sekretärin. „Was ist denn das für ein Mi- Carême , von dem ich in den Zeitungen gelesen habe? Ich dachte, nach dem Faschingsdienstag wäre es hier unten ganz eng! Es ist immer noch Fastenzeit, nicht wahr? Der Faschingsdienstag kommt nicht mehr als einmal im Jahr? Worum geht es dann bei all dem Feiern?“

Die Sekretärin lächelte.

die Franzosen haben das, was sie Mi- Carême oder Mittfastenzeit nennen, und sie feiern es auf jeden Fall groß! Sehen Sie, es ist eine Nacht mitten in der Fastenzeit, in der sie es genießen können bis zum Limit — sozusagen Dampf ablassen. Zu diesem Anlass veranstalten wir heute Abend mehrere Dinnerpartys hier im Club.“

Ein schmächtiger kleiner Mann, der — wäre da nicht seine Abendgarderobe gewesen — fast wie ein schüchterner Angestellter aussah, näherte sich dem Schreibtisch. Er unterschrieb einen Scheck über eine Handvoll Zigarren, die er verstaute.

„Bitte stellen Sie später eine neue Schachtel El Reys zur Verfügung “, sagte er zur Sekretärin. „Der Großteil meiner Gruppe ist hier, glaube ich.“

„Ich schicke sie hoch, Mr. Fell“, antwortete die Sekretärin schnell. „Ja, ich denke, das Esszimmer ist bereit für Sie, Sir. Übrigens hat Mr. Gramont Sie gerade erst gesucht — ah! Jetzt kommt er!“

Jachin Fell drehte sich um. Gramont stürzte sich auf ihn, ein gelbes Telegraphenformular in der Hand, Erregung in seinen Augen.

„Schau her, Jachin ! Dieser Draht kam gerade von Hammond — weißt du, ich habe ihn unten in Bayou Terrebonne für die Dinge verantwortlich gemacht! Lies es, Mann — lies es! Sie sind auf Ölsand in fünfhundert Fuß Höhe gestoßen — und Sand bei fünfhundert, mit diesen Angaben bedeuten sie einen Schwall bei tausend! Wo ist Lucie? Hast du sie mitgebracht?“

„Sie ist oben. Na ja!“ Jachin Fell warf einen Blick auf das Telegramm und gab es zurück. „ Es wird also tatsächlich Öl gefunden! Das wird mit

Sicherheit eine große Nacht, wie Eliza sagte, als sie das Eis überquerte! Komm mit. Lass uns Lucie finden und ihr davon erzählen –"

Die beiden Männer wandten sich gemeinsam ab.

Nachdem sie den Mann aus dem Norden angestarrt hatten, war er nicht wenig verblüfft über das, was er gerade gehört hatte. Angesichts der fragenden Fragen in seinen Augen beeilte sich die eifrige Sekretärin, ihn aufzuklären.

„Das ist Mr. Gramont , Sir. Man sagt, dass er früher in Frankreich ein echter Prinz war und dass er sich übergeben hat, weil er Amerikaner werden wollte. Mr. Fell isst oben zu Abend – es gehört Mr. Gramont Verlobung, wissen Sie – und der Mi- Carême- Ball danach –"

„Oh, ich weiß, ich weiß", und der Mann aus dem Norden seufzte leicht. „Ich habe alles darüber in der Zeitung gelesen. Fell ist einer der Spitzenschachspieler hier, nicht wahr?"

Die Sekretärin lächelte.

„Nun, er spielt ein sehr faires Spiel, Sir – tatsächlich ein sehr faires Spiel!"

DAS ENDE

www.ingramcontent.com/pod-product-compliance
Lightning Source LLC
LaVergne TN
LVHW042118190726
843493LV00006B/1514